カラーの資格でビジネスに成功する本

外川智恵
Chie Togawa

TAC出版

はじめに

夢を実現させるために、私が自分にいい聞かせている三つの言葉があります。

「この三つすべてをバランスよく保てたら、カラービジネスパーソンとしての道が開ける!」

とつねづね思って、私はこの言葉を唱えています。

① ハート

まずは、夢を抱き、心からその仕事をしてみたいと思うことです。

カラーコーディネートは心に訴える仕事。熱意なくしては成り立ちません。熱意の対象はさまざまですが、この仕事を将来、何に結びつけたいかという目的や夢を持つことは不可欠です。ゴールがないまま走り続けると、何のために走っているのかわからなくなってしまいます。

② ブレイン

きちんとものごとを考える頭脳、ということです。夢の実現のために計画を立て、大きな目標と任務遂行のためのスケジュールを組むことです。それには、現実をしっかり把握することが大切。さもないと、計画に無理が出てきて、体調を崩したり、締め切りに間に合わせられないということにもなりかねません。せっかく抱いた夢も、実現が遠のいてしまいます。

③ ガッツ

三つ目はガッツ。「夢を実現するための熱意」と「無理のない計画」のほかに必要なのは、クライアントに満足してもらうためにどこまでもがんばろう、という気持ちです。そのためには、日ごろの体調管理だけではなく、メンタル面のコントロールも必要になります。トラブルなどで心が疲弊していても、うまく切り替え、仕事に向かえる自分を取り戻せることが大切です。

夢ばかりだと現実が見えない人と思われますし、計画ばかりで実現できなければ、約束違反といわれます。ガッツばかりでは、やみくもにがんばっているだけの人になってしまいます。

この三つをバランスよく保つために、私は自分の置かれている環境や本来の目的、今の自分にできること、将来の自分が望むことは何かを、つねに意識しています。

皆さんと一緒に、カラービジネスパーソンとしての仕事の可能性を探れますように……。

外川　智恵

もくじ

第1章 こんなにあるビジネスチャンス

1 「カラービジネス」の仕事の種類 …… 2
2 お小遣い稼ぎとビジネスのはざま …… 11
3 ひそかに「色」にひかれている男性や企業 …… 27
4 カラーの世界と出会ってから――私の仕事の広がり …… 38

第2章 サロン・事務所開設のスペシャルノウハウ

1 デキるカラー資格者のビジネススタイル …… 48
2 あなたの顧客は個人？　企業？ …… 57
3 成功するアプローチ …… 75
4 開業資金――独立までにこれだけ用意しよう …… 88

第3章 カラービジネスの実績のつくり方

1 自分で仕事をつくり出す――人脈や経験は宝物 …… 94
2 「お友達価格」という壁――価格設定を考える …… 99
3 お客様を得るために …… 107
4 調査をし、データを活用する …… 118
5 「色」が重要視される時代のカラー資格者 …… 126

第4章 この業界に売り込んでみよう

1 ブライダル業界 …… 138
2 ヘアカラー・化粧品業界 …… 143
3 デパート業界 …… 148

4 不動産業界 …… 152
5 美容師 …… 158
6 宝飾業界 …… 162
7 接客・販売員 …… 170
8 弁護士 …… 174

第5章 カラーの先生になってみよう

1 受講生はこんな先生を待っている …… 180
2 卒業した教室で教えてみよう …… 183
3 専門学校の講師になる方法 …… 186
4 イベント・セミナー講師への道 …… 197

第1章

こんなにあるビジネスチャンス

1 「カラービジネス」の仕事の種類

カラーコーディネーターへの夢と現実

カラーコーディネーター、パーソナルカラーリスト、イメージコンサルタント、カラーセラピスト、カラーアナリスト。これらは色彩関連の仕事をする人の名称です。色彩を巧みにつかって演出したり、心の状態をケアしたりします。

この本を手にしたあなたも、こうした仕事をしている女性に影響を受け、カラーの仕事に魅力を感じるなどして、ファッションコーディネート色彩検定やカラーコーディネーター検定の受験を考えたのではありませんか？

私たちが目にするものに色がついているかぎり、カラーコーディネートの仕事は無限にあります。しかし、数種類あるカラーコーディネートの検定試験を受けて、晴れてカラーコーディネーターの資格を手に入れたとしても、すぐに開業できるほど現実は甘くはありません。

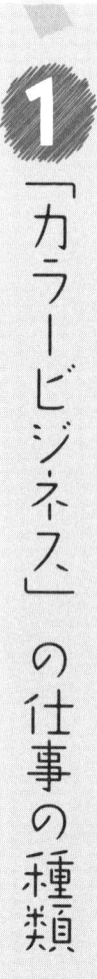

思い出してください。検定試験のあと会場を出たとたんに、カラーコーディネート関連のセミナーや講座のチラシを配られたあの光景を。さまざまな学校のスタッフが配るチラシを見て、パーソナルカラーリストやイメージコンサルタント、検定講師になるには、ほかにも特別講座が必要なのかも知れないと、愕然《がくぜん》とした方もいらっしゃるかもしれませんね。

その光景にあせりを感じ、あれもこれもとカラーに関する資格を増やした方もいるかもしれません。それなのに、仕事をいただけるのは数か月に一度だったり、仕事はしていても、カラーコーディネートだけで生計を立てるのは難しいと実感してはいませんか？

本書では、資格を取ったあと、どのように仕事に結びつけていったらよいのかをご紹介します。また、現実に、どんな機会にカラーコーディネーターが必要とされる可能性があるのかなどのヒントを提供します。

あなたらしさと、あなたの持っているカラーコーディネートの知識を十分に生かせる方法をいっしょに探っていきましょう。その前にまず、カラーコーディネーターと呼ばれる仕事の代表例をご紹介します。

▼……　カラーコーディネートをビジネスにする場合　……▲

カラーコーディネーターは、何をコーディネートするかによって、名称が変わります。分類すると、大きくふたつに分けられます。ひとつは、「人」をコーディネートする場合。もうひとつは、店舗や室内などの「もの」をコーディネートする場合です。

「人」をコーディネートする仕事

まずは「人」をコーディネートする仕事、パーソナルカラーリストから紹介します。

「パーソナルカラー」とは、「ある人にとって似合う色」のこと。パーソナルカラーリストは、特定の人のパーソナルカラーを選び出すことを仕事とします。人は、似合う色を身に着けることで、若々しく元気に見えるようになります。つまり、特定の人の個性を生かすような色選びをするのが、パーソナルカラーリストの仕事です。

仕事の範囲は、着こなしやメイクなどのアドバイスから始まり、髪型やヘアカラー、コンタクトレンズの色にまでおよびます。

さらに、洋服の素材やラインについての知識や、配色の知識を生かして、ファッション全体のコーディネートも手がけるようになると、「カラーアナリスト」や「イメージコンサルタント」などと呼ばれるようになります。

実は、こうした肩書きそれぞれの仕事の範囲は明確ではありません。名称は、ライセンスを発行している団体などが決めています。

個人を対象にしているので、自分のペースで仕事ができ、比較的カラーの仕事を実現できる可能性のあるジャンルです。

「もの」を対象にするお仕事

一方、店舗の色彩調節など、「もの」を対象にした仕事には、カラーコーディネーターをはじめとしたものがあります。

たとえば、会場ディスプレイとテーブルコーディネートには、色彩をつかって、特定の部屋や会場全体、テーブル上のナプキンや花などを演出する仕事も含まれます。照明や自然光を考慮に入れながら、家具などを配置することを求められる場合もあります。また、会場を活気づかせるための配色など、目的に応じた配色を要求される場合もあります。

色彩の機能性を生かして、来場者の導線を確保することや、案内表示をわかりやすく配色することなども、重要な仕事のひとつです。

色彩心理をビジネスにする場合

色彩心理を利用した仕事もふたつに分けられます。個人を対象にする仕事なのか、不特定多数を対象にする仕事なのかで、その内容は変わってきます。

個人を対象に仕事をする人は、カラーセラピストと呼ばれます。カラーボトルやカラーカードなどを用いて、心理状態についてのカウンセリングをします。イギリス、オーストラリア、カナダなどで発祥したメソッドを用いて、クライアントと話をしながら、癒《いや》しのカラーなどを選出するのが一般的です。

不特定多数を対象に色彩心理を用いる仕事として、空間のコーディネートがあります。会場の目的に応じて配色しますが、配色する面積が大きく、会場のデザインや印象に、ひいては心理状態にも大きな影響を与えるため重要視されている仕事です。

また、企業イメージを定着させるためのコーポレートカラーを選ぶ仕事や、商標デザインの際にアドバイスを提供するという役割も、最近では注目されています。

▼………検定合格のあと押しをビジネスにする場合………▲

資格取得のために、検定講座などで学ばれた方も少なくないでしょう。そのときにあなたを指導した先生方は、「検定試験への合格」をビジネスにしている方々ともいえます。持っている知識をつかってわかりやすく面白い講義を展開したり、合格率を上げたりすることも、ビジネスになるのです。

カルチャースクールなどと契約して教壇に立っている先生以外にも、個人で講座を開いて色彩学を教えている先生もいます。一級に合格したということは、先生と同じ資格を得たということですから、皆さんも講師になれる資格を持っています。

ただし、毎年十万人近い検定合格者がいるわけですから、ライバルも多いといえますね。魅力的な講師になるため、また魅力的でありつづけるための努力が必要です。

▼イベント、研修、セミナーの講師をビジネスにする場合▲

色彩検定やカラーコーディネート検定とあわせて、「パーソナルカラー」や「セラピスト」などの民間団体の資格を手に入れることで、講師としての道は広がります。

たとえば、パーソナルカラーリストやセラピストの養成講座、カラービジネスを起業するための講座などを持つのもあなたのキャリアしだいです。

企業研修やギフトショーなどのイベントでも、講師が必要とされることがあります。人前に出てプレゼンテーションをするのが得意な人や、教えることが好きな方には向いている仕事です。ただし、多くの場合、オファーをいただいてはじめて成立する仕事ですから、営業力も大いに必要になってきます。

▼……………調査をビジネスにする場合……………▲

街の景観や、地域の特色、消費者動向を探るカラー分析の仕事もあります。最近では、景観色彩の調査と研究をしている事務所が、自治体の依頼を受けて、色彩分析を手がけるというケースが増えています。

また、年代や職業、地域など、バックグラウンドごとに好まれる色彩を専門的に調査する会社や、生活のワンシーンにおけるカラーイメージ調査などを専門に請け負う事務所もあります。

▼……重要視されているイメージカラーアンケート調査……▲

イメージカラーアンケート調査は、企業が新商品を出すときに、商品のターゲットとなる人々を対象にしたマーケティング調査の一種で、デザイン決定時はこのアンケート調査の結果をもとに、商品のカラーリングを絞り込んでいきます。これとは反対に、デザイナーがまず商品やパッケージのカラーリングをして、それについての可否を問う場合もあります。

調査は、カラーのマーケティングを専門に請け負う事務所などに委託されるのが一般的です。商品についての意識調査のほか、その商品をイメージさせる形容詞や副詞を答えてもらい、さらにその単語にふさわしい色彩を選んでもらう形式などで調査をしていきます。

以上、カラーの仕事のいくつかの種類をご紹介してきました。

このほかにも、ホームページやコンピューターグラフィック上の色彩の構築、店舗の外観や限定された地域における色彩設計など、さまざまな活躍の場が考えられます。柔軟で画期的な発想で、カラービジネスの可能性をさらに広げてください。

2 お小遣い稼ぎとビジネスのはざま

何を自分の仕事にするのか？

カラーの知識を生かして、家族や友人など、周囲の人々に喜んでもらっているだけのうちは、お小遣い稼ぎの範疇《はんちゅう》かもしれません。

ここから脱皮して、報酬を継続的に得られるビジネスとして成立させるためには、まず、仕事としての実績をつくり、信頼を得なくてはなりません。

ただ、そのはじめの一歩がわからない、という方もいらっしゃるでしょう。

私の場合も、カラーの資格者となったばかりのころ、どうすべきかを教えてくれる人はなかなか見つかりませんでした。ビジネスを始めたいと思って、企業や教室、学校などに企画書を携えておもむいたとき、まずたずねられたのは、それまでのキャリアです。

なかには私のことを知ってくれている人もいましたが、私を知らない人たちは、それまでの経歴や肩書きにばかり興味を示しました。こんなことではらちがあかない、まずは、自分から何かをつくり出さないと何も始まらない、と思った私は、個人でパーソナルカラーのセミナーを開き、検定対策講座を開いたのです。

キャリアづくりの第一歩は、何を自分の仕事にするのかを探ることから始めましょう。

▼…………目的を思い起こし、見失わないために…………▲

あなたがカラーの資格を取りたいと思った時の目標を思い起こしてみましょう。
次のなかに、その時のあなたのときめきに似たものはあるでしょうか？

*自分らしいライフワークを持ちたい
*カラーの知識をつかうことで、多くの人とコミュニケーションを図りたい
*自己実現のため同じ目的を持った仲間がほしい
*カラーの知識を自分の生活に生かしたい

カラーの知識をつかって何をしたいのか？　それに対する自分の考えをはっきりとつかめないと、仕事を進めていくうえで、よけいなストレスを抱えることになります。

たとえば、カラーの資格を取った目的が「誰かの役に立ちたい」だったとします。あなたには子どもがいると仮定しましょう。子育てをしながら仕事をしていると思うように時間が取れず、気持ちばかりがあせり、日ごろは思ってもいないことを考えてしまいます。「せっかく資格と知識を持ったのに、子どもに邪魔されて、思いどおりに資格を生かせない」

しかし、冷静に考えてみれば、カラーの知識を自分の子どもの役に立てることも、当初の目的、つまり「誰かの役に立ちたい」を達成していることになりますよね？　まずは、自分の子どもの充実を図ってから、ほかのお母さんに教えることから始めてもいいはずです。

あせるばかりで目的を見失うことは、目標を定めずにゴールに向かうのと同じです。資格を取ろうと思った時の気持ちを忘れないようにしたいものですね。

お小遣い稼ぎとビジネスはどう違う？

私は、収入の多さではなく、「お金をいただく」ということ自体が、ビジネスだと考えています。仕事の第一歩は約束を守ること。深刻な理由もなく、自分の都合や気分でドタキャンできるような関係は、友人や親族などの親しい間柄でしか成立しません。そういうスタンスでしか働けないなら、それは「お小遣い稼ぎ」と考えるべきでしょう。

とはいえ、子育てや介護など、誰かの面倒をみる立場にあると、自分だけでは都合を決められない場合もあります。私の場合にも、子どもが熱を出して、今度ばかりは仕事をキャンセルしなくてはならないかもしれない、と思うようなことがありました。でもそのつど、家族や周囲の支えでどうにか切り抜けてきています。

子育てや介護をしながら働いている女性に対して、「これだから主婦は……」と批判めいた意見を耳にするかもしれませんが、子育てや介護は女性だけの仕事ではないのです。たしかに女性が中心となったほうが、介護や子育てをしやすい場合もあります。たとえそうだとしても、家族や周囲の協力を得ることにまで引け目を感じることはありません。

子育てや介護には、しばしば不測の事態が起きるのですから。

不測の事態に腰が引けて、「私には無理」と考えるのではなく、同じ境遇の仲間と助け合える環境をつくり出したり、理解してもらえるように職場環境を整えたり、ヘルパーさんやサポート事業を上手につかいこなしたりすることも、仕事の一環だと考えましょう。

すぐに結果は出なくても、何年後かに実現できることもあります。

どんな境遇の方も、ゼロからのスタートです。目的をきちんと見据え、どんなことなら無理なく始められるかを探りましょう。そうすれば、最初の一歩を踏み出せます。

無理せずにできることを継続していれば、やがて、カラーの仕事歴○年という実績につながっていきます。

▼… 仕事のヒント1　これまでのキャリアとリンクさせる …▲

必要に迫られてカラーの資格を取った方が、私のまわりにはたくさんいます。会社員やフリーのアナウンサーとして仕事を持ちながら、彼女たちは資格取得にのぞみました。

彼女たちは、その後、カラーの仕事と本業とを、どのようにリンクさせていったのでしょうか？　実例からヒントになるものを得ていただければと思います。

また、ビジネスチャンスがどんなところにひそんでいるのかも、読み取ってください。

福祉の場に生かそうとしたYさん

すでに福祉の現場でしっかりとしたキャリアを築いていたYさんが、現場に色彩心理の知識を持ち込んだのは、「カラーセラピー」を知ったのがきっかけでした。

彼女は、色彩心理を利用して、自分のメンタル面をコントロールするようになりました。また、色彩についての知識をつかって、施設の利用者と話すことで、会話をはずませたりすることも増えたと言います。

安全色彩や色彩心理を応用すれば、福祉現場を、効果的にコーディネートをすることも可能です。さらに、利用者の障害の程度に応じた新たな楽しみを、カラーの知識をつかって提供することもできます。

病院経営と看護に生かそうとしたAさん

看護師としてキャリアを積んだAさんは、患者さんとの会話をはずませる知識を身につけようと、カラーの講座を受けに来ました。はじめは、会話のきっかけづくりにだけ、カラーの知識を利用していましたが、彼女はやがて、病院の内装にも応用しようと思いついたのです。

この手法は、すでにアメリカでは確立されています。実際に院内の配色を心を落ち着かせるトーンでまとめるなど、患者の心理に直接働きかける病院も存在します。

テレビ番組でカラーの知識をフル活用するSさん

フリーアナウンサーのSさんは、オーディションを受けるたびに、どんなふうに自己アピールをしようかと頭を悩ませていました。そんなときに、パーソナルカラーの存在を知って、私の教室を訪ねてくれました。

彼女は、カラーの知識をファッションに生かすだけでなく、パーソナルカラーの知識を会話の糸口に、仕事の現場でスタッフたちと話をする機会を設けることができたのです。

カラーの知識をきっかけに、彼女はみごとに仕事をつかみ、自分の番組でもカラーの話題でトークを盛り上げました。

お店の売りにしたBさん

リゾート地に地中海料理のお店を開いたBさん。店舗の外装と内装のコーディネートの依頼を受けた私は、配色の効果について説明しながら、彼女とふたりでコーディネートしました。お店の完成が近づくにつれ、彼女は色彩心理の効果に興味を持ちはじめ、ついにはカラーセラピストの資格を取ったのです。今では「カラーセラピストのいるレストラン」として広く知れわたっています。

現在、彼女は自分自身でテーマカラーを決めて、店内をコーディネートしています。店内のイメージを統一するためには、お客様にどのような空間、どのような時間を提供するかというコンセプトを考えなくてはなりません。そうしたことができたのは、彼女が見失うことなく、目的を持ちつづけられたからです。

▼仕事のヒント2　悩みを強みに変え、草分け的存在になる▲

現在あるカラーの仕事が、カラーの仕事のすべてではありません。カラーの仕事にも、新しい分野の仕事はどんどん登場しています。イメージに合う仕事がないからと、あきらめてはいけません。あなたが先駆者になるつもりで、新しい分野を開拓してみましょう。

自分の置かれている環境、あるいは自分が抱えている悩みこそが、仕事のアイディアを生むものであると、知ってください。たとえば同じ学校に通う子どもの親どうしだからこそ、わかり合えたり話がはずんだりすることがあるはずです。そうした情報交換は、生活や環境を豊かにしようとするためにするものです。

カラーの仕事も同じです。身近にある問題を解決するのに、カラーの知識が役立つのです。こう考えれば、あなたがすべき仕事が何なのかは、おのずと決まってきますし、肩書きも決まってきます。

私の肩書き「視覚的イメージ戦略家」は、私の造語です。自分の得意なことをまとめて伝える言葉として、この肩書きがぴったりなのではないかと考えて、名づけました。自分のことを理解できれば、きっとぴったりの肩書きが見つかるはずです。

たとえば、お母さんという立場で、身近な人の悩みの解決にカラーの知識を生かしているうちは、「お礼のクッキー」などが報酬かもしれません。

この段階ではお小遣い稼ぎでも、「ママ・カラーリスト」という肩書きをつけ、「お母さんの悩みをカラーで解決」というコピーをつけたWEBサイトを立ち上げでもすれば、ビジネスへと大きく展開し、報酬も比例していくことでしょう。

これに似た事例として、私の講座を受けて、カラーセラピストになった高校生の例があります。彼女は「高校生セラピスト」として、地元メディアに取り上げられ、今では、有名セラピストとして活動しています。

大学生が、カラービジネスについてリサーチしたり、カラービジネスを起こしたりすれば、そのバイタリティは、就職活動の際に、企業側に好印象を与えます。

あなた自身の立場を見つめ直せば、それぞれの立場が持つ特有の悩みを見いだせます。カラーをつかって解決策を探ることで、新しいカラービジネスが見えてくるかもしれません。

▼仕事のヒント3　働ける時間を最大活用し、長続きさせる▲

仕事の種類によって、最低限どれくらいの時間を必要とするのかを考えてみましょう。どの場合でも、お客様に自宅に来ていただく形を取れば、時間にゆとりができます。

パーソナルカラー

フルサービスの場合には、最低でも診断に二時間が必要です。自宅から仕事先までの往復の時間などを加えると、四時間ほどは必要でしょう。

カラーセラピー

セッションは、ひとりあたり三十分から一時間が主ですが、通勤時間を合わせると三時間は必要になります。

イベント会場や店舗など現場のコーディネート

実際にコーディネートをする時間のほかに、何度かの打ち合わせや調査などが必要なため、相当な期間が必要になりますし、クライアントに足を運ぶ回数も多くなります。継続して時間を取れるかどうかが、この仕事をこなせるかどうかにつながってきます。

企業などを相手にパンフレットや商品のコーディネートをする仕事でも、打ち合わせなどでクライアントに足を運ぶ時間と、実質的な作業のための時間の両方を取れるかどうかを計算に入れなくてはなりません。

しかも、アイディアはつねに次から次へと浮かんでくるものでもありません。現場を離れている時間にも、コーディネートについて悩めるゆとりがあるかもポイントになります。

自分を取り巻く環境に逆らうことなく、自分の技術を発揮しやすいスケジュールを組めるかが決め手。仕事に責任を負える時間のマネージメントをできることが、プロフェッショナルであることのあかしです。

▼………主婦が仕事を設定するときの、スケジュール例………▲

主婦の立場でカラーの仕事をする場合には、準備も含めて、どのような時間が必要になるかを考えてみましょう。次ページに、スケジュールの一例を載せました。

ここではパーソナルカラー・セミナーを例に取ります。セミナーの時間は三十分程度。ターゲットは、忙しい時間の合間に何かを学ぼうとする方たちです。

このスケジュールなら月に一回は開けますね。ここではセミナーを例にしましたが、ほかのカラービジネスでも、ターゲットを絞り、自分がつかえる時間とお客様の都合のいい時間を照らし合わせて、具体的なスケジュールを書き出してみましょう。

[ビジネスとして成立させるためのアイディア]

朝 企業の朝礼でのワンポイントアドバイスセミナー
昼 銀座などOLの多い街でのランチタイムセミナー
夜 ビジネスマンのためのセンスアップセミナー

ポイント1 あなたのスケジュールと、お客様のスケジュールを照らし合わせてみる(外出できるのは、昼。ターゲットはOL。ランチタイムをつかって)

ポイント2 あなたのバックグラウンドと照らし合わせてみる(お金をかけずにおしゃれのバリエーションを楽しむための情報交換をしていた会社員時代を思い出して、「お金をかけずにきれいになろう・センスアップセミナー」などとネーミングしてみる。価格はランチ1、2回分の、1000円から2000円程度が適当)

[セミナーの準備]
(電話やインターネットなどを用いれば夜の時間でもできる)

＊ 利用できる教室を探し、予約する(10分から1時間程度)
＊ 宣伝について考える(WEB広告やチラシをつくる)
＊ 参加への応募方法を考える
(インターネットのみの受付にするなど)
＊ カリキュラムを考え、レジメをつくる

[セミナー当日にすべきことと、必要な時間]

＊道具やテキストなどを自分で持ち込んで準備をする(30分)
＊受付・集金(15分)　＊セミナー(30分)　＊片づけ(10分)

自分の日常を改めて目で確認することで、仕事ができそうな実感がだんだんとつかめてくるはずです。忙しいから、ウィークデイや日中はフルにつかえないから、なかなか仕事をするのは難しい……などの、自分への言い訳は影をひそめますよ。

▼……………「つかえる時間」を具体的に割り出す……………▲

主婦なのか学生なのか、あるいは子どもがいるのかいないのかによって環境は大きく変わります。ここでは、環境のタイプごとにカラーの仕事につかえる時間を考えてみます。

子どもがいないか、手を離れた場合

専業主婦の方は、朝、ご主人を送り出してから、夕食の準備に取りかかるまでは、自由に時間をつかえますよね。平日の十時から四時ごろまでの時間を自由につかえるのなら、一日六時間のビジネスタイムを取れることになります。

手のかかる子どもがいる場合

小さな子どもがいて、保育園や幼稚園にあずけていない場合には、一日中子育てに追われることになります。そんななかでも、時間はつくれます。

私が仕事に復帰したのは、子どもが二か月のころ。はじめはベビーシッターに子どもをあずけて、月に六日ほど働くところから開始しました。子育てには息抜きも必要です。

私の実体験から考えると、保育園や幼稚園に通っていない三歳以下の子どもを抱えている方の場合、ビジネスに時間をつかえるのは、子どもが昼寝をしている午後一時から三時の二時間程度で、月に三日から六日くらいでしょう。

保育園に通わせている方は、少しゆとりができて、平日の十時から四時の六時間くらいがビジネスタイムになります。ただし、仕事を休むわけにはいかない場合も出てきますから、子どもの体調が急変したときのフォローアップ態勢を確立しておく必要があります。

主婦の外出を好まない夫の両親と同居している場合

少なく見積もって、外出できるのは月に一度、平日の十時から四時の六時間。そのほかの日は、家事をしている合間の時間をつかって、朝食から昼食のあいだに一時間、午後は夕食の支度までのどこか二時間ほどを、ビジネスタイムにできそうです。家でもできるカラーの仕事でキャリアを積むことを考えましょう。

学生の場合

放課後や夕食後など、学校に費やす時間以外のほとんどをビジネスタイムにできます。とはいえ専門学校生などは、社会人と同じくらいタイトな生活をしているはず。学校の課題をこなしアルバイトをしたあとで、カラービジネスに取りかかるとすると、週に二日、夕方六時から九時ごろまでというのが、ビジネスタイムとして妥当なところでしょう。

少し時間に余裕がある学生は、アルバイトに費やす時間の一部を、カラービジネスに移す感覚でビジネスタイムをつくりましょう。週に三日、日中の授業の空き時間と講義終了後をビジネスタイムとします。夏休みなどの長期休暇を利用することも検討しましょう。

このように、環境ごとに利用できる時間は異なります。結果を急がず、息を長く続かせるためにも、無理のない時間を見つけて、長期的に取り組みましょう。

3 ひそかに「色」にひかれている男性や企業

男性は「色」が苦手⁉

こんなときには何色がいいのでしょうか？

私は何色が似合うでしょう？

「会話表現」についての講義のあとに、そう声をかけられることがよくあります。カラーについての私のプロフィールを知っている男性の出席者から質問を受けるのです。自分をよりよく演出したい気持ちは女性にかぎらず男性も持っているようです。

企業のトップが集まる勉強会にお招きいただいた時のこと。商品のコーディネートの参考にしていただくために配色の基本を説明したあと、参加者それぞれに、ファッションアドバイスをしました。

ところが、講座は終始静かに流れて、手を挙げる人も質疑応答もまったくなく、終了。

色彩の効果に関心を持ってもらうほどの魅力的な講義にはできなかったのかしらと、反省しつつ会場をあとにしようとすると、数人の受講者の方々が待っていました。

お話をうかがうと、それぞれに悩みや疑問を抱えていました。自分のメガネやファッションについて。経営しているレストランの内装や装飾品を大きく変える方法について。自社製品のパッケージの配色について。そうしたさまざまな質問が寄せられました。

なぜ皆さんは、講座の最中に質問しなかったのだろうと考えました。

そう。男性は、外見や色彩について積極的に人前でアピールするのは苦手なのです。しかし、カラーリングがビジネスに結びついているということは認識しているので、講座のあとで質問を投げかけてくるのでしょう。トップに立つ男性が、意欲的にカラーの効果を取り入れる姿を見せることは、どこか気恥ずかしさがともなうのかもしれません。

トップの方々が、「売場の配色を変化させるなどの企業努力、自社のブランディング、お客様に与えるイメージの大切さ」を認識していることは事実。このギャップこそ、カラービジネスのチャンスなのです。なじみの薄いことなので難しいかもしれませんが、デモンストレーションなどで、色彩の効果を具体的に示す時間をいただいてみましょう。

▼…………グループ会社が求める統一感…………▲

名門のゴルフコース、富士桜カントリークラブを擁する富士観光開発グループは、スキー場や温泉施設など、さまざまなアミューズメント施設を数多く運営しています。

それぞれの施設は、目的もちがえば利用者の年齢層も異なります。そのため、各施設のパンフレットは、まったく趣のちがうものになってしまいます。利用者それぞれの年齢層などに配慮した結果なのですが、パンフレット全般に、どうにか統一感を持たせることはできないだろうかということが懸案になっていました。グループ全体としてのイメージや企業理念を反映させたコーポレートカラーを統一したいという思いを抱いていたのです。

私は、さっそく企業理念を拝見し、目的に応じた色彩を提示しました。すると、「なるほど」とうなずいてもらえたのです。

企業イメージを表すデザインやコーポレートカラーに注目が集まってはいるものの、自社のコーポレートカラーにその色を選んだのはなぜか、あるいはその根拠となるものは何かということを厳密に理解し、ＰＲに役立てられる企業はまだまだ少ないのが現状です。

このように、企業があやふやにしていてできないことを解決すること、そこにビジネスチャンスが生まれます。カラーの有資格者なら、企業理念や会社を表現するイメージなどから、ある程度のカラーを選び出せるはずです。そして同時に、色彩理論にもとづいた配色を解説できる力もそなえているはずです。

▼…………企業とつながるビジネスチャンスは？…………▲

大手企業の大半は、商品開発部や企画部といった部署にデザイナーを配属している、または決まったデザイン事務所にパッケージデザインなどの発注をしています。

しかし、大半であってすべてではありません。大手の企業でありながら、商品開発部や企画部に色彩の知識をそなえた社員が一人もいないため、自社製品のデザインなのに、主導権を握っているのは、外部のデザイナーや広告代理店、というケースもあるのです。

そういう会社では、えてして販売を始めてしまったあとで、商品のカラーリングについてこんな疑問と向き合う事態に陥ります。

「商品の売れ行きが思わしくない。色のせいだろうか？」

「この商品は、どんなイメージを持たれているのだろう？」

色彩についての知識が不十分なために、自社製品の印象について悩んでしまうのです。


あるとき、中古車販売の大手企業に、新店舗のカラーリングや制服の色についてアドバイスを求められたことがありました。その企業のイメージカラーは黄色。でも新店舗では女性ばかりのスタッフという特徴を生かした、清潔で明るい、どちらかというとエステサロンのような雰囲気を出したいとのことでした。私は、白を基調とした凛《りん》としたイメージをアドバイスしました。


実は私はこのとき、新店舗のオープニングスタッフ教育のために出向いていたのですが、私がカラーの資格を持っていることを知ると、アドバイスを求められたのです。

社内には専門家がいないから、カラーの専門家に出会うチャンスがあるのなら、疑問をぶつけて、いろいろ聞いておきたい、ということの表れでしょう。こういうケースは本当に多くなっています。それほどカラーへの関心は高いのです。

大手企業とつながるコネクションがないと、落胆しないでください。商品開発や企画に精を出しているのは、地域に根差した中小企業や、ベンチャー企業も同じです。

ハード面にこだわる立ち上げ時にはプロの力を借りたとしても、ソフト面は、起業家自身が判断する場合が多いといいます。これらの企業がプロの力を必要としたときに、タイミングよく有効な知識を提供できれば、ビジネスのチャンスにつながります。

ベンチャー企業は比較的若い人が立ち上げていますから、同年代の感覚を持ち合わせているという点では、若いカラーコーディネーターに強みがあります。

また、各中小企業が開発している商品のターゲットは多岐にわたりますから、自分のバックグラウンドに近い企業や商品にアプローチしてみましょう。

▼……………行政サービスをつかったアプローチ……………▲

あなたはこれから新しく「起業」をすることになりますから、ある意味ではベンチャー企業です。そして行政サービスには、起業する人を支援する制度などがあります。農林水産省、経済産業省、中小企業庁などの各省庁は、一年を通してベンチャー企業の支援制度を展開していますし、各都道府県も支援事業を設けています。起業をめざす人が集まってプレゼンテーションをする機会やイベントの情報を集めて、積極的に活動しましょう。

一例として、独立行政法人中小企業基盤整備機構の、いくつかの支援事業があります。

ひとつ目は、「中小企業総合展」。数多くの中小企業が参加して、自社の製品や技術を公開する展示会で、ほかの出店会社や来場者のなかから、取引相手や事業連携先となりうる会社をマッチングすることを目的とします。東京と大阪で年に一度ずつ開催されています。

ふたつ目の「ベンチャーフェアJAPAN」は、日本最大級のイベント。ベンチャー企業の良質な製品や、提供しているサービスを紹介し、販路や事業提携先の開拓などを手助けして、ビジネスマッチングを支援します。

三つ目は「ベンチャープラザ」。経営資金との出会いをマッチングするイベントで、全国の主要都市で開かれています。カラーで起業を考えるあなたにとっても、経営資金は不可欠です。取引先となる企業を探すのと同時に、斬新なアイディアがあるならば、支援してくれる企業を見つけるためにプレゼンテーションすることを考えましょう。

ビジネスのチャンスをつかむために

ビジネスチャンスは、以上のようなものだけではありません。

たとえば、同じ目的を持っている人々と、仕事を離れリラックスした状態で、井戸端会議的な会話をすることもあるでしょう。アイディアが出やすい、そうした柔軟な発想の場の会話からも、それとなく自分の力を発揮できそうなことを探ってみたいものです。

ほかにも、こんなことを心がけていると、ビジネスチャンスは広がっていきます。

会話のきっかけには、カラーの知識を

色彩の専門知識は、初対面の方との会話に大いに役立ちます。

気になる方の服装や持ち物にも、色はついているのです。ほめられていやな気持ちになる人は、ほとんどいません。すてきな色を見つけたら、ほめるなど、その色にまつわる話をして、仲よくなるきっかけをつくってみましょう。企業のトップや関係者と知り合おうとするときには、その企業の製品やパンフレット、広告などの、配色やカラーリングについての感想を伝えてみるところから会話を始めてみましょう。

長い取引にするために

すばらしい目標を持ち、それを生かすビジネスチャンスをものにしたとしても、取引先の企業とフィーリングが合わないと、長続きしないこともあります。トップがどんな価値観を持っているかを知っておけば、カラーリングをするうえでの役にも立ちますから、取引先の細かいところまで、きちんと向き合っておきたいものです。

また、実感している人も多いと思いますが、出身地や出身校など、トップの方との共通点は、親しさを増す突破口になりますし、話を通すうえでも役に立ちます。共通点をさまざまな角度から見つけて、より強い信頼関係を築いておきたいものです。

トップの方と話をするときには、その方の抱いている、次のような考えや悩みを、差し支えのない程度にたずねてみるのがいいでしょう。

＊経営理念（トップの方の、経営に関する考え方）
＊個人としてどのような信条を持っているか？
＊現状で大変だと感じていることは何か？

いよいよ本題へ

信頼関係を築くための第一歩、会話に成功したと感じたら、いよいよ本題です。

カラーリングの対象となる商品や空間などについてのリサーチを始めます。そして、大まかな情報をつかんだところで、持っている知識をフル活用して、色彩をこんなふうにアレンジすると、よりよい結果が得られるかもしれませんと、提案をしてみましょう。

商品をカラーリングする場合

カラーリングの対象が商品の場合には、次のようなポイントを押さえて考えます。

＊商品の機能や特徴は何か？
＊どのようなときに役に立つものなのか？
＊どんな人が買っていくのか？
＊メーカーとして本当に買ってほしい年代層はどこか？
＊どんなところで売っているのか？（スーパーなどの所在地や、陳列の方法など）

こうしたポイントを頭に置いて売れ行きについての話をしているあいだに、その商品がどんなカラーリングだったらもっと洗練され、売れるようになるかの、アイディアが浮かんでくるはずです。イメージがわいてきたら、なぜその商品をその色にしたのかと、切り出してみましょう。その答えは、おそらく「かわいいと思って」「目立つと思って」など、感覚的な答えです。

その感覚はけっして否定せず、十分に尊重しながらも、あなたは、商品にひと工夫するアドバイスをするのです。そのアドバイスに、相手が「なるほど！」と興味を示してくれたら、プレゼンテーションは大成功です。

この人なら、この商品を十分に生かしてくれる。そう思っていただければ、あなたは取引先をひとつ手に入れることになります。

お客様になってくださる会社や人は、商品の魅力を語ることはできますが、その商品の魅力を最大限に引き出すための配色、つまりカラーの力を知りません。それを引き出すことこそ、あなたの仕事なのです。

最後にカントの言葉を知っておいてください。

「知識は表現されてはじめて知性になる」

4 カラーの世界と出会ってから——私の仕事の広がり

カラーの世界との出会い

「視覚的イメージ戦略家」。これはカラーの知識を生かしたビジネスでの私の肩書き。しかし、私はほかにも仕事を持っています。

いちばん長く経験を積んでいる仕事は、アナウンサー。次がカラービジネス。そしてもうひとつ、「会話表現の講師」という仕事もしています。

これらの仕事は、すべて私の本業で、三つの仕事はどれもリンクしています。こうした仕事を通じての私の目的は「誰かと言葉以外のことでもつながれる楽しみの追及」です。

私のキャリアは、山梨放送のアナウンサーとして始まりました。テレビやラジオの放送に携わり、よりわかりやすい言葉で充実した内容を伝えることばかりを考えていました。

はじめに身につけたのは、言葉や表情、パフォーマンスなどによって、よりよいコミュニケーションを取る方法でした。衣装選びもうまくなっていきました。というのは、地方局ではテレビに出るときもイベントに出席する際も、ほとんどが自前の衣装。ふだんはメイクさんもつきません。自分でテレビ映りを研究するのです。

私は目の下にクマが出やすく、化粧だけでは疲れた感じに映りがちでした。そんなある日、黄色の洋服を着てニュースを読んだところ、顔が生き生きと若々しく映ったのです。そのときはどうしてだろうと思いながらも、そのままにしておいたのですが、後日、「カラーコーディネート検定」の広告を目にして、社会保険事務所が開いている講座に通いはじめたのです。それが、カラーの世界に入ったきっかけです。

そして、パーソナルカラーの知識を手に入れました。この知識は、テレビ映りに大いに役立ちました。似合う色を着るだけでテレビの画面がぱっと明るくなるのです。気になっていた目の下のクマもなくなりましたし、少々丸めの頬《ほお》のラインもややほっそり映りました。客観的に見ても、テレビに映る自分は健康的に生き生きとしていました。それほど効果を実感できるのですから、この技術はすばらしい、と思いました。

やがてカラーに関するスキルが上がっていくと、私は、番組の内容やインタビューをする相手によって、自分の印象をコントロールできるようになりました。カラーによって、より健康的に見せるなど、その場にふさわしい自分をつくり出すことができるのです。

映画「マイフェアレディ」は、貧しい花売り娘が、猛特訓の末にりっぱなレディへと変身していく過程を描いています。そのなかにこんなセリフがあります。

「レディと花売り娘の違いは、どう振る舞うかではなく、どう扱われるかです」

あなたが淑女に見えさえすれば、あなたは淑女のように扱われるのです。

カラーの効果によって、インタビュー相手の態度が変わっていくのを、私は実感しました。こうした実体験を通して、私はコーディネートに自信を持てるようになり、企業のトップの方や、政治家の選挙運動のコーディネートに携わるようになりました。

▼……………コーディネートはインタビューから……………▲

企業のトップは、その場にふさわしい態度を要求されます。たとえば偽装事件などの謝罪会見の際に、誠実に謝っていることがきちんと伝わるように、演出するのが私の役割です。見た目が九割を占めるといわれる第一印象で、好印象を残すお手伝いです。

選挙活動では、候補者のパフォーマンスをはじめ、より効果的に聞こえる声のトーンや言葉選びまでを手がけます。色彩関係では、ポスターの色彩構成やスタッフジャンパーの色のほか、選挙活動に必要な小道具などの配色を決めます。これらを決めるときに基準とするのは、候補者の政策や人柄です。

コーディネートの前には必ず、候補者にインタビューして、その人の主張などを探ります。打ち出したい政策や、候補者の個性によって、どのような外見や声を演出すれば、有権者に浸透しやすいかが変わってきますから、コーディネートは慎重に行わなくてはなりません。そして、候補者の魅力を最大限に引き出し、生き生きと輝かせるのです。

こうした言葉によらないコミュニケーションがいかに大切かは、アナウンサーという仕事を通じて実感したものです。

そうしたコーディネートにより、納得のいく結果を得られた方の姿を見ているうちに、私は、人の心の深いところまで踏み込んだコーディネートをしてみたいという欲求に駆られました。そんなときに出会ったのが、カラーセラピーでした。

カラーセラピーの広がり

カラーセラピーの、色彩から心理状態を読み取るという世界は、興味深いものでした。セラピスト資格を取得した当時、私は専門学校や大学で、色彩学や、パーソナルカラー、会話表現などの講師もしていました。そのうちの色彩学の講義には、カラーセラピーの要素を取り入れ、カリキュラムの内容を、学生の心理状態に配慮したものに変えました。

また、大学ではカラーセラピーやパーソナルカラーの技術をつかって、悩みを相談に来る学生たちが自己肯定感を養えるように、あと押しをしました。

大学の講義では、語彙《ごい》を増やし、共感力を強化する会話表現のゲームを展開しました。学生たちは講義を通じて自信を持ちはじめ、生き生きと輝いていきました。

就職活動などで外見的な自己表現を求められたりすると、彼らは、どう表現すべきかを相談しに来てくれるようになりました。きっと私を信頼してくれているのでしょう。

彼らの役に立てるのは本当に楽しいことです。相談を受けると、彼らの将来を考えたキャリアデザインを提示したり、自己表現のアドバイスをしたりしています。

講義やアドバイスで得た知識に加えて、学生たちは、日常的にカラーの知識に触れていきます。すると彼らはいつの間にか、実際に自分でもカラーをつかって、さまざまな状況をアレンジしてみたくなるようです。

学生たちが、カラーリストやセラピストの勉強に興味を示したことで、学内でカラーに関する養成講座が、新たに開講されることになったりもしました。

これまでに、カラーセラピーやパーソナルカラーの講義を通して1000人を超える学生に出会っています。現在も記録更新中です。

アメリカでの活動

二〇〇五年、シートンホール大学の客員研究員兼非常勤講師として渡米し、アメリカで二年間を過ごすことになりました。しかし、せっかく身につけたカラーの技術を一時的にでも封印してしまうのはもったいないと思い、パーソナルカラーの本場アメリカで、どうしたらパーソナルカラーリストとして活動できるだろうかと、いろいろ試してみました。

はじめにしたのは、知り合った人たちにカラーセラピーやパーソナルカラーの面白さを伝えることでした。実際にプレゼンテーションをして体験してもらうと、自分のサロンでセラピーのコーナーをつくらないかと、美容室のオーナーが声をかけてくれました。

ありがたい話だったのですが、アメリカではカラーセラピーで報酬を得ることは法律違反だったのです。そこで、パーソナルカラーを中心に活動を展開することにしたのです。

しかし、仕事を見つける手がかりさえないまま、知らない土地での時間が過ぎていきました。そんなとき、たまたま手に取った日本語のフリーペーパーに「カルチャースクールの講師募集」の文字を見つけたのです。

そのカルチャースクールには、カラーに関する講座がたまたまなかったため、私は、すぐに採用され、アメリカでの私のカラービジネスがスタートしたのでした。

アメリカ人の色彩感覚と日本人の色彩感覚は大きくちがいます。視力や身体的な特徴もちがえば、慣習もちがいます。人種が多岐にわたる分、当然、美的感覚も独特です。

そうした環境のなかで自分に合う服や化粧品を選ぶことは、日本人には至難の業です。

また、メイク方法も土地に合わせないと、文化に合った自己演出ができない場合があります。私もデパートの化粧品売り場でメイクアップ体験をしましたが、アメリカ人スタッフがしてくれたメイクは、自分でするメイクとは大きく異なっていました。アメリカ人が見た日本人のイメージは、日本人には思いもつかないほど独特なものなのです。

こうしたギャップを受け入れつつも、無理のない日本人らしさを演出できるように、私はアドバイスをしているつもりです。そうすることでお役に立てているのかもしれません。

持っている知識は十分に生かす。たりないことは勉強して補う。これが私の仕事のすべてです。

第2章

サロン・事務所開設のスペシャルノウハウ

1 デキるカラー資格者のビジネススタイル

▼…… 場所を決める1　事務所は世界のどこでも開ける ……▲

自分の事務所やサロンを持つことは、あこがれのスタイルである一方、「そんな難しいこと……」と思う女性も多いはず。でも、本当はそんなに難しいことではないのです。

この章では、低リスクでできる起業のノウハウと実例を紹介します。

まず、事務所やサロンを開くための大まかな準備について。次の三つが大切です。

①　場所を決める

②　環境を整える（設備や家具をそろえる）

③　経営のノウハウを知る

マンションの一室で事務所を開くのが精いっぱい……。そう考えるかもしれません。

でも、月々五万円から十万円ほどあれば、銀座やニューヨーク、ロンドン、パリといった大都市に事務所を開けるのです。

レンタルする事務所は、わずか二畳ほどの個室などですが、会議室や商談室などの共有スペースを利用できる共同事務所を契約すればいいのです。

郵便物は専用ポストに届きますし、秘書業務を契約すれば電話対応も可能。こうしたポストサービスや秘書サービスは、国外とも契約できますから、その気があれば、日本以外のアドレスや電話番号を持って、外国からの仕事を受け入れることもできるのです。

事務所の場所を首都圏のビジネス街にしてモチベーションを上げることも、名刺に印刷する住所を銀座などの一等地にして、ステイタスを上げることも可能です。

▼……場所を決める2　お客様の利便性を重視する……▲

お客様に出向いていただくサロンを開くなら、利便性を考えなくてはなりません。

駅から歩いて十分以内であること、サロンまでの道順がわかりやすいこと、簡単な地図でもたどり着けるようなランドマークがいくつかあることなど、望ましい条件があります。

サロン周辺の環境についても考慮したいものです。飲食店街は食べ物のにおいがきつい場合があります。パチンコ店やゲームセンターなど娯楽施設が多いと音が気になります。

理想的なのは、お客様になってもらいたい層の方々が、比較的多く集まる街、利用しやすい場所にサロンを開くことです。たとえば、働く女性をターゲットにするなら、オフィス街など、会社帰りに利用しやすい、職場から近い場所にサロンを開くことをお勧めします。

▼…場所を決める3 自宅でサロンを開くときの注意点…▲

自宅でサロンを開く場合は、いくつか気をつけたい点があります。

まず、サロンにする部屋はなるべく玄関に近い部屋にして、お客様を招き入れるときにあまり生活感を感じさせない導線を確保しましょう。

次に、カラーを扱うサロンらしくするためにも、自然光の入る部屋を選びたいもの。都会では難しいかもしれませんが、より正確なアドバイスや分析、カラーリングをお客様に提供するためには、必要な条件です。

サロンに選んだ部屋に小さな窓しかない場合などは、お客様に自然光が当たるように、部屋のレイアウトを工夫しましょう。

自宅をサロンにする場合は、お客様がトイレや洗面所を利用することも考えておきます。洗面所が、洗濯機やおふろと同じ空間にある場合は、ロールカーテンで仕切るなどの工夫をして、なるべく洗面所以外の部分を見せないように環境を整えましょう。

玄関は、あなたの家族が出入りする場所でもありますが、お客様の視線をつねに意識して、子どもの靴や家族の靴はできるかぎり靴箱に入れるように心がけ、必要最小限のもの以外は玄関に置かないようにしたいものです。

▼……場所を決める4　世界展開と通信設備……▲

視点を世界に向けてみましょう。

日本で事務所を開いたとしても、世界各地の電話番号を取得することも可能です。

ニューヨークで仕事をしていたときに、東京から国際電話で仕事の依頼をいただくと、申し訳なく感じることがありました。

そんなときに出会ったのが、インターネット回線をつかって通話もできるシステムでした。たとえばスカイプは、定額料金を支払えば世界各地の電話番号をいくつも取得できますし、通話料はおおむね一分二円くらいです。しかも、スカイプにメールアドレスを登録している者どうしなら無料で通話ができます。通信品質は、つねに安定しているとはいえませんが、テレビ電話での通話も可能です。直接ではなくとも、取引相手の方のお顔を拝見しながら対話することもできるのです。

ニューヨークにいた私は、実際にスカイプを通じて、日本の電話番号を取得し、日本のお客様には、日本の電話番号にかけていただいていました。時差のため時間帯こそ選びますが、国際電話をかける負担もないので、気軽に仕事ができます。

それでも、遠くの方には直接お目にかかれないため、仕事の範囲はカラーセラピーと、すでにパーソナルカラー診断を経験している方へのアドバイスのみに縮小しました。直接ドレープを当てることができず、正確なパーソナルカラー診断が難しかったためです。

その一方で、カラーセラピーのセッションや、色彩心理に関するレクチャー、パントーンカラーをつかった、商品などへのカラーアドバイスは、十分に可能でした。

海外からの業務をテレビ電話だけで実現するには、NGN（次世代ネットワーク）の利用が必要になります。NGNは最新通信技術で、現段階では一部の地域に利用がかぎられますが、今まで以上に鮮明で安定した通信が可能なので、臨場感あふれるテレビ電話環境が整います。

▼……環境を整える1　事務所やサロンに必要な環境……▲

事務所やサロンを開く場所を決めたら、不可欠になるのが、電話、インターネット、ファックスなど、通信面の準備です。

そのほかの設備として、事務所には、作業用の机といす、資料を整理する棚が必要です。

一方、サロンはお客様をお招きする場所ですから、ある程度の設備投資が必要になります。看板や表札、お客様のためのソファーやテーブルなども必要になってきます。

また、おもな業務内容が、たとえばパーソナルカラーやカラーセラピーのアドバイスだとしたら、カラー診断などに利用するドレープ、セラピー用のボトルやカード、メイク道具、化粧品などをそろえなくてはなりません。

環境を整える2　サロンの内装の注意点
――リサイクル品も上手につかう

前述のような営業内容の場合、サロンの内装は、なるべく白に近いものにそろえるなど、お客様への色映りを少なくしたいもの。家具は、ナチュラルな木製のもの、白い化粧板の貼《は》ってあるもの、あるいはガラス製品などから選ぶといいでしょう。

サロンの仕上がりの雰囲気は、雑誌などからイメージをつかめても、雑誌に掲載されている家具は、ヨーロッパの高級品であることが多く、手の出しにくい商品です。

以前、あるアメリカの雑誌で「どちらが安い？」という特集を組んでいました。最高級品を並べた部屋と、似たようなデザインで安価な商品を並べた部屋の写真を載せて、比較していました。トーンや質感に少しちがいはあっても、大きな変化は見られませんでした。

雑誌の結論も、「努力しだいで部屋はすてきになる」でした。

日ごろからセンスを磨いてさえいれば、洗練した部屋をつくることはできるのです。

コストを抑えて調度をそろえるには、リサイクル品やリユース品も考えましょう。リサイクルショップには、住宅展示場で使用した新古品などを置いているところもあります。

経営のノウハウを知る

「サロンや事務所は運営してみたい。でも、そもそもどうしたら起業できるの？」そんな疑問を抱えている人も多いはず。また、フリーという立場で、経営や営業は派遣会社にゆだねるというスタンスの方もいるでしょう。

いずれの場合も、経営に関する基礎的なことは身につけて、独立の準備はしておきたいもの。なぜなら、実践的な経営ノウハウは、一朝一夕には身につかないものですから。

そうしたノウハウは、街で見かける「経営塾」で得られます。ただし、「絶対に儲《もう》かる」「初心者でも大成功！」などの魅力的な文字が掲げられていますが、うまくいかない場合もあります。しかもこうした塾の授業料は高額です。

基礎的な経営のノウハウを学ぶなら、お勧めは、商工会議所です。
商工会議所では、「創業塾」と「経営革新塾」の二種類の塾を開講しています。

「創業塾」では、事業計画の立て方からマーケティングの方法などを教えてくれます。創業者の体験談を聞く機会もあり、起業の際の留意点や助言も得られます。

セミナーは、平日の夜または土日を中心に、合計三十時間ほど。地域によっては女性の起業にも焦点を当てています。商工会議所の会員でなくても五千円程度で受講できます。

こうした塾に通うメリットは、専門家から話を聞けることだけではありません。起業したいと考えている者どうしで、悩みを共有し、疑問点などを話し合うこともできます。

将来的には、同時期に起業をめざしたというつながりが生きることもあれば、異業種の方との連携も、夢を持って話し合えたりします。異業種の仲間のアドバイスから着想を得て、あなたのお客様に、新しいサービスを提供することもできるかもしれません。

2 あなたの顧客は個人？ 企業？

▼…法人向けの仕事 ―― コンサルタント業とセミナー講師…▲

これまでお話ししたように、カラーコーディネーターの仕事は多岐にわたります。カラーマーケティングなどの情報収集関連の仕事、商品のカラーリングの分析の仕事、パーソナルカラーやカラーセラピーというアドバイスに関連する仕事、さらには色彩学を教える講師まであります。

仕事の種類も多いため、ターゲットにするお客様しだいで、「カラーコーディネーター」がいいのか、「カラーリスト」がいいのかなど、フレキシブルに肩書きを考えましょう。

また、これらの仕事は大きく、企業をお客様とする仕事と、個人のお客様を相手にする仕事に分けられます。

カラーコーディネーターのなかでも、マーケティングや商品分析を得意とする方は、企業や個人商店など「法人」を対象にすることが多くなります。

そうした仕事としては、たとえば、ある企業が新商品を発売する際に、ターゲットとなる消費者がどんな配色を好む傾向にあるのかを分析する仕事や、安全色彩・情報色彩の観点からその配色が適切かどうかを分析する仕事などが考えられます。

また、学校法人相手の仕事もあります。パーソナルカラーや色彩心理の知識を教えるセミナー講師や、各種検定試験の対策講座を持つことです。

パッケージやパンフレットの配色などを考えるのも、法人相手の仕事です。とはいえ、これらはデザイナーの業務と考えられる場合のほうが多く、デザイン全般に関する経験や知識が重要視されるときには、カラーコーディネーターの肩書きだけでは少し弱くなります。ただし、すでにできあがっているデザインに対して、配色のアドバイスを求められるような仕事は、比較的成立しやすいでしょう。

法人と仕事をする場合、重要なポイントがもうひとつあります。それは、「企業は企業と取引をしたがる」という点です。

会社組織のほうが、個人より社会的な信頼を得やすいのは事実ですから、法人を相手にしようと思っている方には起業、または法人対法人で取引できる方法をお勧めします。

▼…個人向けの仕事 ― サロンでのアドバイス業…▲

個人向けの仕事としてもっとも需要が多いのは、パーソナルカラー診断や、カラーセラピーなどのアドバイス業務でしょう。

サロンを開いてお客様に来ていただく方法と、事務所だけを持つ方法の二通りが考えられます。事務所だけを構える場合は、お客様のもとに出向いて診断やアドバイスを行うか、お客様があるときだけ、診断用の貸しスペースなどを借りるようにします。

もうひとつ考えられるのは、カラーセラピーなど、色彩の利用法を提供する授業や、各種検定のための対策講座などを、個人向けに開催することです。

たとえば、パーソナルカラーの知識を生かして、「働く女性のための」とか「就職活動中の学生のための」などと特定のターゲットに向けて発信するとよいでしょう。ほかにも

「受験生のための色彩心理」や「親子関係を円滑にする色彩心理」なども考えられます。

カラーコーディネーターになったばかりの人にとって、継続して仕事を得るのは至難の業です。少しでも長くカラーの仕事に携わりたければ、パーソナルカラーのアドバイザーやカラーセラピストとして個人を対象に活動するのが現実的だと思います。これらを実現するためには、さらに深く色彩の勉強をする必要があります。

▼……………会社設立は考えない……………▲

サロンや事務所の開設＝会社設立、と思っていませんか？

カラーコーディネーターの資格を持つ女性の多くは、パーソナルカラーやカラーセラピーといった個人相手の仕事か、検定講師の仕事をしています。こうした仕事で手にできる売上はおおむね一時間に二千円から、よいときで一万円前後。あなたのサロンやあなたの診断をどんなに気に入ってくれるお客様でも、おそらく三回から四回ほどのリピートでしょう。

こうした状況で会社を設立したら、どうなるでしょう？

株式会社の場合、資本金は一円でも設立できます。しかし設立時の手続きや税理士への毎月の顧問料だけでも、年間に最低五十万円。さらに地方税が必要（東京都は年七万円）になるなど、少なく見積もっても初期費用六十万円が必要になります。

現実的に考えて、その出費をカバーするだけの見通しが立つでしょうか？　たとえ資本があったとしても、家族に「大丈夫！　しっかり運営できる！」と言い切れる自信と、家族に賛成してもらえるだけのプランを持っているでしょうか？

家族によけいな心配をかけず、自分の好きなことを始める方法もあります。会社を起こすことイコール、ビジネスではありません。会社を持たずに、そして個人事業主にさえならずに「ビジネス」を始める、「アウトソーシング（外部委託）」という方法もあるのです。

▼…………アウトソーシング——人材派遣会社やタレント事務所に所属する…………▲

その方法とは、「派遣」してもらう、というもの。

デパートやスーパーマーケットでデモンストレーションをしているいわゆる「マネキン」

さんが所属している人材派遣会社や、地方のタレント事務所などに所属して、カラーコーディネーターとして派遣してもらうことも可能なのです。

この方法を取れば、営業や経営を第三者にゆだねることができます。実際に仕事をするのはあなたでも、ビジネス上の取引は、依頼者とあなたの所属する派遣会社とのあいだで行われますから、個人であっても企業の仕事を請け負えます。

地方にも人材派遣会社はたくさんあります。たとえその派遣会社が「高齢者の人材派遣」を主としている会社であっても、厚生労働省の認可を得ていれば、あなたの派遣業務を行うこともできます。もし、フリーランスとして活動をしているときに、どうしても会社という形での取引が必要になった場合には、派遣会社に話を持ちかけてみましょう。いくらかの手数料と引き換えに、派遣会社は、あなたのマネジメントを快諾してくれるはずです。

また、講師の派遣やセミナーをアレンジする会社に登録し契約をすれば、あなたという人材がいることを広く知らしめてくれます。

こうした人材派遣やセミナー企画の会社を通せば、仕事を得ることも、金額の交渉も、ある程度まかせてしまうことができます。あなたの代わりにある部分の仕事をしてくれるのですから、手数料を差し引かれたり取られたりすることには納得して、必要経費と考えましょう。少なくとも自分で会社を運営する煩雑さや重圧からは解放されるのですから。

私の場合、子育てと、アナウンサーや大学講師の仕事にも時間をさかなくてはなりません。その合間にカラーの仕事を依頼してくれた方と交渉し、仕事の価値を説明し、報酬金額を決める作業をするのは、とても難しいことです。営業をアウトソーシングすることで、「営業に費やす時間」を「キャリアを積む時間」に振り替えることができるのです。

第三者に「外川智恵という人物のスキル」を売り込んでもらうことで、自分では想像もつかないような仕事にめぐり合うチャンスが増え、仕事の幅が広がる楽しみもあります。

アウトソーシングの際にもっとも重要なのは、「売りもの」であるあなたのスキルを、派遣会社などにわかりやすく伝えることです。「講演ができる」とだけ伝えるのではなく、「何について、どんな人に向けて講演ができるのか」、あるいは「どんなセミナーなら開けるのか」、「どんなスキルを持っているのか」といったことを具体化しておきましょう。

個人として商売をする —— 個人事業主

自分でサロンや事務所や運営したい場合には、個人事業主になるのが手軽な方法です。自分の仕事内容を税務署に申告するだけで、個人事業主と認められます。会社を設立するのとはちがい大きな助成は受けられませんが、運営費などは、同じように計上できます。

ただ、少しややこしい問題もあります。

自宅をサロンや事務所にすると、そこで発生する必要経費とふだんの生活費との区別がつきにくくなってしまいます。しかしそれらは、分けて考えなくてはなりません。

たとえば、光熱費や家賃は、仕事でつかった分と生活につかった分を分割して、仕事でつかった分だけを必要経費として計上します。どれだけのスペースをどれくらいの時間、仕事につかったのか、その割合をきちんと出して、必要経費を算出していきます。

雇われ社長という道

どうしても会社対会社で仕事をしていきたい方には、一般的な「起業」とはひと味ちがう方法もあります。アイディアはあるのに資本金がない、という場合にお勧めです。

それは、「事業後継者マッチング」というシステムを利用して、後継者不足の会社を引き継ぐという方法です。中小企業庁が取り組んでいるシステムです。

会社の後継者だけでなく、雇われ社長を求めて登録している会社もありますから、あなたの条件に合った会社を探し出せるかもしれません。

「事業後継者マッチング」のための窓口は、各商工会議所にありますし、インターネット上からアクセスすることも可能です。マッチングがうまくいけば、雇われ社長として、会社を運営することも夢ではありません。こうしたマッチングで社長になる場合は、オーナーと経営方針や信条がマッチするかどうかも重要な要素です。

経営者の考えも考慮するわけですから、自分の判断だけではものごとが進まない場合もあるのです。資本や立場の獲得だけを考えて動くのではなく、長続きする関係が築けるかどうかや、自分のプランを実現できるかどうかを、見きわめることが大切です。

▼……………「なるほど」と思わせる企画書を書く……………▲

サービスを提供する相手、つまりお客様にしたい対象が決まったら、自分が何を提供できるのかを、わかりやすく提示しなくてはなりません。個人相手の場合には、サービス内容を記した「パンフレット」や「チラシ」が、企業相手なら「企画書」が必要になります。
どちらも、わかりやすく、簡潔で、説得力のあるものにしなくてはなりません。

私は、この本の執筆にあたり、企業の事業部のスタッフや幹部から、どんな企画書が好ましいと思うかを聞き取りました。回答として寄せられたもののうち多かったのは、「なるほど！」と感心するようなアイディアと説得力がほしい、ということでした。

そのためには、企画を持ち込む前に、その業界にとっての「ふつう」がどんなものなのかを、十分に調べておかなくてはなりません。「ふつう」を知ったうえで、「ふつう」を超えた、実現可能な「あっと驚くアイディア」を提案したいものです。

そのためには、まず、周囲のできごとに疑問と興味を持つことです。「なぜこんなことがはやるのだろう？」などの疑問が、やがて仕事に直結するようになります。疑問や興味から企画が生まれてきますから、疑問を持つ習慣をつけ、企画力をきたえましょう。

「こうしたら面白いのでは？」「これがたりないような気がする」と感じたことを、カラーの力をつかって具体化していく……。それがビジネスの第一歩です。

積極的に情報収集を

仕事をするうえで大切なのは、あなたに見えるものや、聞こえるものすべてから、さまざまな情報をつかみ取ることです。


家族の誰かが、おいしそうなアイスクリームを買ってきたとしましょう。

「おいしそうね」とあなた。すると、買ってきた人は、こう言いました。

「これ、○○さんがおいしいって言ってたから、買ってみたんだ」

これこそ「クチコミ」です。そんなクチコミで伝わった情報を、どんなふうにおいしいのか、なぜおいしいのかと、あなたは解析してみましょう。その商品を食べ、そしてパッケージを分析することで、カラーの資格を持つあなたには何かが見えてくるはずです。


パッケージはどんな素材でできているか？　そのアイスクリームの対象年齢はどこにあるのか？　そのアイスがおいしそうに思えている現在は、何月なのか？　アイスクリーム業界は今、好況なのか不況なのか？

そんなふうにいろいろな想像をふくらませてみましょう。

たくさんの疑問がわいてくるはずです。そうした疑問をなおざりにせずに調べてください。今はインターネットで検索するだけで、官公庁の情報も、一般の方のブログも、広範囲でリサーチすることができます。

その商品を実際に見に、街へ出かけることも大事です。商品がどのように陳列され、カラーリングがどんな効果を発揮しているかを知るのも、配色の勉強のひとつです。

▼……………全体像をつかむための情報を得る……………▲

流行や社会現象、あるいは業界の傾向や状況をより正確につかもうとすること。そして、全体像を眺めること。そうすることで、何を「補い」「加える」必要があるのかが見えてきます。また、こんなふうにするともっと面白くなるはずだ、こうすれば解決するかもという発想も浮かびやすくなります。

では、全体像を把握するための情報は、どのようにすれば手に入るのでしょう?

年度ごとに刊行される各省庁の○○白書などには、さまざまな統計調査の結果が掲載されています。継続的な統計調査のほかに、その年度に注目された社会現象についての特集も組まれています。これらからは、時代の大きな流れをつかみ取ることができます。

各業界の業界紙・誌からも、業界全体の傾向をつかめます。各業界の業界紙だけでも、現在、百紙あまりが存在し、月刊誌など雑誌を含めると、さらに多くなります。ウェブサイトを開設している業界紙・誌もありますから、新聞や雑誌を手に入れなくても、ある程度の情報を手に入れることができます。

しかし、統計調査や業界紙・誌からだけでは、情報を正確につかんだとはいえません。たとえばサロンや事務所を開くのなら、そこに住む人々の声を聞いて、開業する地域の風習や流通事情を知り、さらにはアプローチしたい会社や学校の事情を把握しましょう。

情報を味方につければ、活躍の場はどんどん広がっていきます。

▼……………パンフレットに盛り込みたい内容……………▲

情報をきちんと収集し、ターゲットを絞り込めたら、次はお客様を集めなくてはなりません。個人をターゲットにする場合には、お客様向けのパンフレットをつくることになりますが、それには次のようなことを、なるべく簡潔に、わかりやすく盛り込みます。

＊どのようなサロン・事務所なのか
＊カラーコーディネートとは何か
＊業務内容
＊メニュー
＊料金
＊サロンの所在地と連絡先（住所、電話番号など）
＊営業時間
＊実績
＊あなたのプロフィール
＊とくにPRしたいこと（この部分は業務内容によって異なります）
＊その他（作品紹介、パーソナルカラーアドバイスのビフォアアフター、キャンペーンなど）

一般のパンフレット以外にも、とくに力を入れたいテーマを説明した、別種のパンフレットを用意しておきたいものです。期間限定のものの場合には、印刷を依頼せずにパソコンで作成するのもいいでしょう。

企画書に盛り込みたい内容

企画書には、二種類のものがあります。プレゼンテーションの機会を得た場合に用意するものと、企画書のみを提出する場合に用意するものです。

前者は簡潔な内容が要求され、後者は、濃い内容が要求されます。プレゼンテーションができる場合は、口頭で伝えられますから、見出しを端的に記した企画書が適当です。

企画書のみを提出する場合は、見出し、リード、解説の三段階で説明を行い、文字の大きさや文章のボリュームを変化させましょう。

以下は、どちらの場合にも不可欠な内容です。

[企画書の実例]

若手社員の印象はこんな感じではありませんか？

□清潔感はあるが、おしゃれと身だしなみのちがいがわからず、個性を生かす意識が低い。
□若い男性社員のまゆげの薄さや整え方が気になる。
□業務への目的の持ち方、コミュニケーションスキル、ホスピタリティマインドが甘い。

心理学、色彩学に基づいた視覚的コミュニケーション

コミュニケーションスキルとして重要な意味を持つ、外見のブラッシュアップについて、「華美ではなく、実質的で効果的な外見づくり」をご提案します。

男性社員の皆様へのご提案

男性社員の皆様は、入社時に、接遇・マナー研修にて「清潔で好感の持てる外見」について、多少の講義を受けていらっしゃると思います。しかし、男性もお化粧をする時代になったとはいえ、女性に比べて費やす時間は少なく、専門的に学ばれている方は、けっして多いとはいえません。

そこで、職場にふさわしい身だしなみ、身のこなしの基礎を学ばれ、時間をかけず「清潔で好感の持てる外見」を磨かれてはいかがでしょうか？

アメリカ大統領選では戦略のひとつとして、パーソナルカラーとスタイリングを必ず実践しています。「華美ではなく、実質的で効果的な服装」を理論で学びませんか？

女性社員の皆様へのご提案

多くの女性は「お化粧」を高校在学中または大学入学時くらいから「自己流」で始めます。化粧方法は、雑誌などにヒントを得ているのが実情のため、化粧歴は長くなっても、なかなかスキルアップを図れず「自己流」から脱することができません。

「お化粧」は本来、その人の魅力を引き立たせるために行われる行為であり、周囲に好感を与えるものでなければなりません。

女性社員の皆様には、男性用のセミナーに加えて、パーソナルカラーをつかったメイクアップ法をお伝えしたいと存じます。ご自分に合った化粧品とメイク法を身につけることで自信をつけ、お客様にも今まで以上に好印象を持っていただけることでしょう。

具体的には以下の項目に重点を置いて展開いたします。

男性

＊骨格や、顔の特徴をつかみ、肌の色をより健康的で生き生きとさせ、説得力のある存在に見せる方法を提示します。

①スーツ、シャツ、ネクタイなどの色と形の選び方
②髪型とメガネの選び方
③パフォーマンス
④パーソナルカラーチェック
⑤表情トレーニング

女性

＊肌に合った色をつかい、顔の特徴をつかんだメイクアップの方法を教えます。知的で清潔に見える、または若々しく存在感のある女性に見える方法を提示します。

①アイシャドー、チーク、口紅、ファンデーション、ヘアカラーなどの色の選び方
②自分でできる、コンプレックスだった顔の特徴を生かしたメイクアップ法
③お金をかけずに選ぶ、自分に合った市販の化粧品について
④パーソナルカラーチェック
⑤表情トレーニング

企業としての印象をコントロールする

御社全体のイメージを統一するためのお手伝いもさせていただきます。

□**テーマカラーの選出**
企業イメージカラー・制服・名刺・店舗の色彩コーディネートなど

□**社員というソフトがお客様に与える好印象のコントロール**
社員ひとりひとりに対する、ヘアスタイル・メガネ・靴などのコーディネート

□**企業の魅力をお客様に浸透させるための社員トレーニング**
表情と姿勢・パフォーマンス・声・口調など

＊動機（社会的背景やあなたの視点、意気込み）
＊目的（どのような理由で何をしようとしているのか）
＊具体的な内容（メニュー、日程、手法などを含む）
＊期待される効果（デメリットが生じた場合には必ず先に伝えるとする約束なども含む）
＊料金（「要相談」としてもいいが、自分の頭のなかでは金額に幅を持たせて決めておく）
＊所在地と連絡先（事務所やサロンの住所や電話番号など）
＊営業時間
＊実績
＊あなたのプロフィール
＊とくにＰＲしたいこと（この部分は業務内容によって異なります）
＊その他（作品紹介、パーソナルカラーアドバイスのビフォアアフター、キャンペーンなど）

3 成功するアプローチ

▼……「セルフブランディング」の重要性……▲

検定試験で一級を取得しても、それまでに蓄えた十分な知識をどのように仕事に結びつけるかは、企画力と営業力にかかってきます。同じくらいの知識と実績を持ち合わせているライバルと差をつけるためにも、まず、次の三つのことを考えましょう。

＊自分の「売り」は何かを決める「セルフブランディング」
＊お客様と自分の知識をつなげる企画書の作成
＊お客様に覚えていただくためのＰＲ

ここでは、これらをより効果的に実践するためのポイントを紹介していきます。

あなたは、まだまだ駆け出し。そのあなたが、カラーの専門家であることを知ってもらうには、あなた自身が看板にならなくてはなりません。
とくに独立して起業する場合は、あなた自身のアイディアや知識が売りもの。しかも、サロンや事務所のイメージや業務内容を宣伝するのもあなたですから、カラーを扱うエキスパートとしてふさわしいファッションや振る舞いが求められます。

容姿をどう演出するかも重要なことです。洋服のカラーをつかって自分をより効果的に見せていれば、それなりの技術を持っていることを、ひと目で理解してもらえます。

会話ひとつからでも、何を信条として、どんなアプローチ方法を取っている人物なのかをアピールすることができます。

「この人にだったらまかせたい」と思わせる、説得力のある存在になるためにも、セルフブランディング、つまり自分をブランド化し演出する技術や、PR活動は不可欠です。

では、どうしたらセルフブランディングを効果的に行えるのでしょうか?

答えは、実力を見きわめ、目的を見失わずに、自分ができる最大限のサービスを心がけることです。自分自身をごまかしてより大きく見せようとすると、すぐに疲れてしまいます。本当の自分をより効果的に見せる、という心がけが大切です。第一章でも解説しましたね?

▼……キャッチフレーズで専門分野をアピールする……▲

専門分野をアピールするには、キャッチフレーズが効果的。まず、自分や自分の仕事をひと言で言い表せるキャッチフレーズをつけてみましょう。たとえば、民主党の長妻昭氏は「ミスター年金」と呼ばれ、取り組んでいるテーマが前面に出ています。

自分を売りものにしたときに、どんなキャッチフレーズなら偽りがなく、専門分野が伝わりやすいかを、覚えやすいゴロや親しみのある言葉で表現するのがベストです。

▼……………テーマを持ち、問題提起をする……………▲

生きていくうえで、あなたが大切にしていることや関心を持っていることは何ですか？　カラーのスキルをつかって、どんな社会参加をしたいと思っていますか？

これらへの答えは、第一章で勉強したように、自分を見つめなおし、目的を明確にした人には簡単に出せると思います。でもそんな方もここで改めて、カラーの仕事のなかに、どのような社会性や公共性のあるテーマを見つけられるかを、考えてみてください。

たとえば次のようなものが考えられます。

対会社：従業員のマンパワーアップ、新人の離職対策、製造業のストレスマネジメント、繁盛する店舗改革、就職活動
対家庭：居心地のよい家庭環境、夫婦円満、親子関係の修復、小学校などの受験対策、介護の負担軽減、家計費の節約
対社会：環境問題、いじめ問題、偽装問題、子育てママ支援

こうしたテーマを持ち、カラーという分野から問題提起をしつづけていると、「△△（社会性、公共性のあるテーマ）なら○○（あなたの名前）」というイメージが定着していきます。

問題提起をする際には、データの収集や、取材なども必要になります。また、ふだんからいろいろな方向にアンテナを張って、データを集めていれば、別の目的で収集していたデータなどを編成しなおして、提起する問題に活用することもできますね。

専門分野を絞るなんてまだ無理……という方は、気になる社会問題や身のまわりのできごとを、カラーの仕事とリンクさせ、メモしておきましょう。書きたまってきたときに、自分が関心を持っている傾向が表れてくるはずです。

こうしたことをホームページやブログで公開していると、誰かが社会問題についてWEB検索をしたときに、あなたの存在が浮き上がってきます。PRにお金をかけるのが難しい「新人カラー資格者」にはお勧めの手法です。

▼…………ブログで自分の存在をPRする…………▲

仕事も思うように得られないのに、どうしたら存在や能力をアピールできるでしょう？

簡単な方法は、ブログを立ち上げること。

今ではホームページ用のアドレス取得も無料でできるようになりましたし、ホームページビルダーをつかえば、比較的簡単にホームページを作成できます。でも、ホームページほど本格的にならなくても、ブログでも十分な効果を上げることができます。

ブログは、アドレスさえあれば無料で作成が可能。デザインに頭を悩ます必要も、難しい作業も一切なし。案内にしたがって進みさえすれば、お好みのページを作成できます。

そして、そのブログ上で、ニュースの感想を書くようなことをすればいいのです。

[効果的なブログの一例]

企業合同説明会など、就職対策セミナーの広告を、この頃、電車内でよく見かけます。
学生の皆さんが電車のなかで、企業案内を読んでいました。隣に座った女子学生の手帳は、企業訪問予定でびっしりでした。
今年ももうすぐ終わりなのに、世界同時不況で就職するのも難しいのでしょうか。

来年早々に読売新聞社主催の就職活動セミナーで講師をつとめるため、その打ち合わせに行ってきました。

セミナーの講師として求められるのは、実際の就職活動に生かせるノウハウです。私はパーソナルカラーやアナウンサーとしてのスキルを提供するつもりです。大学生の皆さんが面接の際に話せる時事ネタも話題に入れながら……。

アメリカ初の黒人大統領、オバマ氏が選挙戦のあいだに着用していたネクタイは赤か青。ディベート時などに薄い紫が登場するくらいで、ほとんどが赤と青のつかい分けでした。民主党の指名受諾演説と、大統領選勝利宣言のときは赤、中傷に反論するために立ち上げたサイト「中傷との闘い」について語った、ウィスコンシン州での演説のときは青、当選後初めてシカゴで開いた記者会見でも、ネクタイは青でした。
残念ながら、選挙期間中のオバマ氏のすべてのファッションを見られたわけではありませんが、こうした特徴を分析してみると、公に何かを冷静に語りたいときには青を用い、エネルギーをアピールしたいときには赤を着用しているように思えます。
さらにいえば、スタイルを2、3種類に限定し、「オバマブランド」を視覚的に定着させていったのではないかと考えます。

こうした「自分ブランド」を身につけていただくためのノウハウをお教えします。ぜひ、セミナーに出かけてくださいね。
また、セミナーには行けないけれど、「自分ブランド」のつくり方を習得したいという方、いつでも個人レッスンを受けつけます。ご連絡くださいね。

(2008年12月9日の筆者のブログから)

世間をにぎわしているニュースのひとつを選び出し、あなたなりの感想とともに、そのニュースについての問題提起をしていきます。もちろん、カラーの知識を織り交ぜ、ときには解決方法にまで言及して……。

取り上げたニュースの注目度が高いほど、あなたの知識にも注目が集まります。

ブログには、自分のプロフィールや仕事内容も書けますから、問題提起をしながら、サロンや事務所の宣伝もできますし、仕事のメニューやサービスを載せることも可能です。

インパクトのあるプロフィールの書き方

あなたは職探しをするのではありません。自分と自分の仕事を売り込む書類をつくるのですから、「カラーの資格者」としてどのような経歴を持っているかをプロフィールに書いていかなくてはいけません。

ポイントは、名前と顔写真を大きめに載せ、魅力的な自己紹介文を書くことです。

新聞でいえば、名前が見出しで、自己紹介文がリード（記事全体をかいつまんで紹介する文）にあたります。自分のいいところばかりを連ねた文章を書くのは、多少のてれを感じるかもしれませんが、事実を書くのですから堂々と胸を張りたいものです。

書き込む内容は、「カラーの資格者として、どんなことを、どれだけ手がけてきたか」「その成果として、どのような功績を得られたか」などです。

その際には、読んでいただく方に興味を持ってもらえるよう、これまでに手がけてきた件数や指導してきた人数などの数字を有効につかい、わかりやすく書きましょう。

自己紹介文の次には「学歴」「職歴」を簡単に記します。学歴は最終学歴だけで十分ですが、色彩に関する修士課程などを修めていると、強い裏づけになります。

「カラー資格者としての実績」は「カラーに関する実績」と見出しをつけて箇条書きにしましょう。「実績」とは、セミナーの開催や、イベントやセミナーでの講師歴、およびカラーコーディネートを手がけた作品などのことです。

「受賞歴」は、実績とは分けて、「カラーに関する受賞歴」と見出しをつけましょう。

すでに取引先の企業がある場合は、「お取引先企業」と見出しをつけて、列挙します。

著者になっている書籍や出版にかかわった書籍などがある場合は、「著作・出版物」、雑誌、新聞などの掲載記事がある場合は「掲載記事など」として列記します。

上記に当てはまらないものがあれば、「その他」としてまとめましょう。

[プロフィールの表紙と自己紹介文の例]

外川　智恵（とがわ　ちえ）

視覚的イメージ戦略家
フリーキャスター
色彩検定１級　パーソナルカラーリスト
カラーセラピスト
日本色彩学会正会員

市販の商品や時事問題をつかって展開するユニークな講義で
色彩検定合格率99.9パーセントの指導力を発揮。

パーソナルカラーリスト、カラーセラピストとして、東京とNYを拠点に活動。
これまでに1000人以上を指導し、カラーセラピスト30人以上を養成。

視覚的イメージ戦略のアドバイザーとして、会話表現のほかに、パフォーマンス、カラーセラピー、パーソナルカラー、表情トレーニングなどのアドバイスを展開。また、選挙運動や企業トップのプレゼンテーション、記者会見用コーディネートなどもつとめる。
＊2008年１月に行われたSCショッピングセンターロールプレイング接客コンテストにおいて、△△社の□□様のイメージメイキングを担当。全国大会準優勝獲得に貢献。

現役のアナウンサーが「取材する側からの視点」でアドバイスするため、よりよいテレビ映りで、テレビ・ラジオ向けコメントを発信し、広告・宣伝などにおいてはマスコミが「ほしい」「面白い」と思う情報を効果的に発表できると、受講者から好評を博している。

※著書に「カラーの資格でビジネスに成功する本」（ＴＡＣ出版）がある。

カラーのプロフェッショナルらしく

自分を売り込む方向性が決まったら、その方向性を表すにはどんな色が適当かを決めましょう。それがあなたのテーマカラーです。テーマカラーは名刺やホームページ、ファッションなどに積極的に取り入れ、あなたの存在を印象づける役に立てましょう。

カラーコーディネーターの資格を持っている人は、色のプロフェッショナルで、色のことなら何でもわかっていると、一般の人々は思っています。

環境色彩が得意だとか、ファッションコーディネートはちょっと……、というような個別の事情は、お客様には関係ありません。お客様は、「カラーコーディネーター」としてのあなたに、色彩に関するあらゆる知識を期待します。

実際には、ひととおりの色彩の専門知識は身につけていても、すべての分野に精通しているわけではないですよね。ただ、そう思われているイメージは大切にしたいもの。得意としない分野についても、ある程度の知識を蓄えておくようにつとめましょう。

印象に残るファッションコーディネート

就職している人は「○○会社の△△です」と、まず会社の名前で覚えてもらえます。しかし、個人では、自分の名前の前にサロンや事務所の名前をつけても、なかなか覚えてもらえません。しかも、サロンや事務所を立ち上げたばかりとあっては、信用もこれから築き上げる段階。武器にできるのは、あなた自身しかありません。

それにはまず、自分のスタイルを決めて、相手に強い印象を残すこと、が大切です。スタイルを決めるというのは、たとえば次のような統一感を持たせる、ということです。

＊カラフルなスーツしか着ない
＊テーマカラーの洋服しか着ない
＊毎回、同じ色のスカーフを巻く
＊特徴的な形のブローチを必ずつける
＊特徴的な色や形のメガネを身につける

こうした演出をするのは、第一にあなたという人物を覚えてもらうため。第二に、外見を通して仕事のセンスを推し量ってもらうため、です。

さらに第三の目的もあります。それは「心地よい仕事上の人間関係を築くこと」です。そのためには、ファッションからも「若々しい」「安心感がある」「安定している」などのあなたのイメージをつくり出す必要があるのです。

▼…………場面ごとに服装や色を変える…………▲

営業のために出かけるときには、カラフルな服装を選ぶのも大切なことです。でも、色に関する仕事で出かけるとき、つまり、色見本などをつかってプレゼンテーションをするときや、パーソナルカラーアドバイスやカラーセラピーを行う場合には、服装の色には気を配る必要があります。プレゼンテーションの商品や、お客様自身になるべく影響をおよぼさない色の服に交換すべきです。スタイリッシュな白衣を用意する、というのもいいでしょう。

また、名刺や封筒、あるいはその他の印刷物などの色をそろえるのも、ひとつの戦略になります。長くつき合うものですから、信条を表せるカラーを慎重に選びましょう。

反対に、毎年カラーを変えて、「今年はこの色にしました」と、話題をつくってみるのも効果的な戦略になるかもしれません。

開業時の煩雑なときには、インターネットショッピングで、こうした印刷物をそろえるのもいいでしょう。比較的安いですし、どんな時間帯でも発注できる点が便利です。ただ、画面を通したカラーしか見られないのが、難点です。

4 開業資金——独立までにこれだけ用意しよう

▼……資格取得・スキル習得のための費用……▲

独立して、サロンや事務所を開いたり、個人で営業を始めるときには、やはりそれなりの準備も必要です。より充実したスタートを切るために必要なものを、カテゴリー別に考えていきましょう。

サロンを開く前や開いてからも、さらに知識を蓄えるために、専門講座に通う必要を感じるかもしれません。スキルアップにも費用がかかります。

パーソナルカラー

パーソナルカラーアドバイスなどの専門講座の費用は、十万円から百万円くらいまでと幅があります。カリキュラムや経済状況と照らして選んでください。

カラーセラピー

費用は六万円から五十万円ほど。ボトルをつかってセッションをするセラピーから、カードやキューブなどをつかうものまでさまざまな講座があります。基本は色彩心理ですが、スピリチュアルなアプローチをする講座もあります。自分に合った講座を選びましょう。

▼……家賃と、環境を整えるための費用、運転資金……▲

サロンや事務所の家賃としては、毎月の家賃のほか、敷金と礼金が必要なので、初期費用として「家賃の六倍」。さらに半年先までの家賃を用意して、「家賃一年分」を準備できると、安心です。

サロンや事務所を用意したら、仕事をするための環境をつくらなくてはなりません。91ページに、主にパーソナルカラーリスト、カラーセラピストとして必要な、「環境を整えるための必要なものリスト」を掲載しました。これをもとに、あなたが必要と思うものをリストアップして、準備に必要な金額をリサーチしてください。

手もとにあるものは利用し、リサイクル、リユースなどを上手に取り入れましょう。

運転資金も、せめて半年くらいは活動できる金額を用意しておきたいもの。

開業してすぐに、サロンにお客様が見えたり、仕事が舞い込むと考えるのは、あまりに楽天的です。無収入でも、半年はサロンや事務所を運営できる金額、もっといえば、半年間は生活面の心配をせずにすむ資金は蓄えておきたいものです。

[環境を整えるための必要なものリスト]

a 事務所環境を整える
□電気
□ガス
□水道
□電話の開設
□インターネットの開設

b 什器・備品など
□カーテン
□ブラインド
□照明器具
□机
□イス
□応接セット
□陳列棚
□ワゴン
□ラグ
□カーペット
□表札
□看板
□電話
□ファックス
□コピー機
□パソコン
□プリンター
□その他の雑費

c 迎賓環境を整える品
□鏡
□棚
□茶碗
□カップ
□やかん
□タオル
□手洗いせっけん
□トイレタリー
□掃除用具
□洗剤類

d カラー知識提供ツール
□カラードレープ
□カラーボトル
□カラーカード
□プレゼンボード
□資料作成材料
□カラースウォッチ
□メイクアップ道具
□洗顔せっけん

e 仕事用ツールなど
□仕事用衣装
□仕事用バッグ
□パンフレット作成費用
□名刺作成費用
□チラシ作成費用
□HP 作成費用
□封筒等備品作成費用
□営業用交通費
□交際費

f その他
□グリーンレンタルなど
□アルバイト雇用

第3章

カラービジネスの実績のつくり方

1 自分で仕事をつくり出す――人脈や経験は宝物

周囲へのアピールから始める

私がこれまで仕事を続けてこられたのは、周囲の人の協力があったからです。カラーの資格を取ったばかりの私にチャンスをくださった大正大学のアドバンテージプログラム。パーソナルカラー診断の実験台になってくれた友人たち。私を取り巻く大勢の人々が私をサポートし、私に仕事のヒントを授けてくれました。

就職試験の面接など、公の場所ではじめてお会いする方に、自分を見てもらえる時間は長くても十分ほどのものです。そのあいだに自分を紹介しきれるはずなどありません。

それならば、たった一度の十分ほどのプレゼンテーションより、毎日少しずつでも、自分のまわりにいる方々にアピールしたほうが、効果的なのではないかと思います。

「自分はこういう人間でこういう仕事をしたいから、こういう努力をしているのだ」

そういう自分の姿を見きわめてもらううちに、周囲の人々が、この仕事はあの人にふさわしいのではないかと、考えてくれるようになると思うのです。

ずいぶん甘い考えだと思われる方もいるでしょう。

「私にはこんなにすばらしいところがあります、買ってください」

そう大声を出す人もいるでしょう。そんな強い押し出しよりは、自分の価値を相手に見きわめてもらう手法のほうが、はるかにスマートだと、私は考えています。

店員さんにぐいぐい押されて買い物をするよりは、自分が選んだと感じられるほうが気分がいいものです。人の目につくところに自分を置いて、手に取ってもらいましょう。

評判は口コミで広がります。すばらしい技術を持っていると感じてもらえれば、取引先の方が評判を広げてくれるでしょうし、あなたの技術の生かし方にアイディアをくれるかもしれません。そのためには日ごろから、しっかりと自分のスキルを磨いておくことです。

親しくしている方々の役に立つことを考える、という発想を持ちましょう。誰かの役に立てるというのはとても気持ちのいいものですよね。

▼………… コネクションのつくり方 …………▲

友達や家族、仕事や学校のつながりなど、周囲には、仕事を持っている人々がたくさんいるものです。でも、そうした人々との関係を、どのように仕事につなげていったらいいのかわからないのではないですか？

私自身、カラーの資格を取ったばかりのころは、仕事をしたくてもプレゼンテーションすらできず、どうやってコネクションをつくろうかと悩んだ時期が長く続きました。誰も教えてくれませんでしたから、試行錯誤を繰り返して、なんとか仕事をいただいていたのです。

ここでは、私の経歴を振り返ったときに、仕事のコネクションをつけるうえで効率的だったと感じている手法を、紹介していきます。

▼……… トップの集まる場所に積極的にでかける ………▲

国際親善と社会奉仕を目的とするロータリークラブの例会には、「卓話」というテーブルスピーチの時間があります。会員やゲストが、持ち時間三十分で、身近な話題や注目されている話題について話すというものです。その日の当番の人が、話題を提供します。

私も、ゲストとして、卓話をさせてもらいました。話というよりは、カラーをビジネスに生かすための知識をプレゼンテーションしたところ、「このアイディアはこんなふうにつかえるのではないか？」というアドバイスをいただきました。

話のあとには、意見交換の場や感想を聞く機会もあります。聞き手であるロータリークラブの皆さんの大半は企業のトップですから、ビジネスの最前線へのプレゼンテーションができるうえに、トップの方々の見解が聞ける絶好のチャンスなのです。

中小企業同友会（すべての都道府県にある）にも足を運ぶと、さまざまな人と会うことができます。この組織では、中小企業のオーナーたちが情報交換や勉強会を開いています。正式に入会しなくても、千円程度の会費を納めれば、例会に出席することができます。

例会は、ほぼ毎日どこかの支部で開かれています。経営企画書の書き方、メンタルヘルス、ホームページ戦略などさまざまなトピックスが取り上げられ、専門家の話が聞けるばかりでなく、各企業のオーナーとの名刺交換もできます。また、休み時間などのフリータイムには、自分の仕事をアピールすることもできるのです。

何よりうれしいのは、ランチミーティングも開かれていること。家庭がある女性、子育てをしている女性は、日中の時間は有効につかいたいですね。

▼………あなたとあなたの仕事を知ってもらうために………▲

「私はカラーの仕事をしています」

そう説明しただけでは、具体的にどんな仕事なのか、どのようなスキルを持っているのかを理解してもらえないでしょう。あなたの経歴や、提案できる商品や企画案を理解してもらうためにも、パンフレットや企画書などは必要です。つねに携帯し、差し上げられるようにしておきましょう。

2 「お友達価格」という壁──価格設定を考える

いつから料金をいただけばよい？

カラービジネスを始めたばかりのころに持っているのは、わずかな経験と自信だけ。だからこそ、お友達や知り合いの方などに体験してもらい、無償でカラーの知識を提供します。

はじめの一歩としてはいい出だしです。あなたには友達にはないカラーの知識がある。だから経験を積むために、その知識を友達に提供すると、友達も喜びますね。実際、カラーの知識を個人のお客様に提供している方の場合、友達で経験を積む人は多いようです。

問題は、いつの時点から、友達から料金をいただいたらよいか、という点です。

それまで実験台になってもらった人に、今日からは有料で、というのでは気が引けます。

また、「カラーの知識」という見えないものを売っているので、報酬もいただきづらいでしょう。電化製品などの「もの」とはちがって、知識は売り買いした実感が希薄です。

しかし、あなたが提供しているのは、何年も時間をかけて勉強し、吸収した知識です。そのために受講料も払いましたし、道具をそろえるための必要経費もかけています。けっして無料で手に入れた知識ではないことを、自分のなかで再確認しましょう。

理屈ではそうなのですが、この点を理解してもらうために、私も本当に苦労しました。価格設定をどうすべきか、いつからお金をいただくべきかなど、悩みは尽きませんでした。でも私は、「お友達価格」の壁を乗り越えたのです。こんなふうにして……。

友達を営業担当に！

あなたと友達の関係は良好なままで、しかもどちらにもメリットがある方法があります。それは、友達に強力な営業担当になってもらうことです。

経験を積むために、あなたは友達に無料でカラーのスキルを提供してきました。これからも、それは変わりません。無料でカラーコーディネートやアドバイスなど、本当のお客様にするのと同じサービスを友達にも提供していきます。

こうすることで、友達と同じ年代のお客様が抱えている悩みを知ることができます。つまり、ある年代へのサービス内容を具体的に決めるためのヒントが、手に入るのです。

友達には、サービス後に必ず、どこが気に入ったか、どこを直すべきかなどの感想を聞き出しましょう。こうしたプロセスを踏んだあとで、あなたはこうお願いするのです。

「私の宣伝部隊になってください」

友達がそのことを了解してくれたら、あなたの考え方を伝えます。ここが大切です。

「あなたには無料で私のスキルを提供しているけれど、本当はこういう料金でサービスを提供していきたい」

そういう伝え方をすれば、友達もきっと、あなたがカラーの知識を生かして、きちんと仕事にしていきたいのだということをわかってくれるはずです。

宣伝部隊になってくれた友達には、機会があるごとに、あなたのセラピーやコーディネートを受けたことで、どのように悩みが解決されていったかを、「友達の友達」に話してもらいます。「友達の友達」が同じような悩みを抱えていて、あなたの解決方法に興味を抱いてくれれば、お客様になってくれる可能性が高まります。

こうした関係が築ければ、あなたとのあいだの関係がギブアンドテイクであることを、その友達も理解してくれるはずです。

▼…………パンフレットなどに料金を明示…………▲

日本人の多くは、仕事の依頼を受けたら、その仕事を精いっぱいこなしたうえで報酬をもらう、という考え方が強いため、お金を払う側が、「この金額でお願いします」と金額提示をしてくるのを待ちます。でも、あなた自身が金額を提示できないのも考えものです。

支払う側も、あなたの価格設定を知りたがっているもの。「いくらでもいいですよ」では、相手が金額を決めかねる場面も出てきますから、自分の値段は決めておくべきです。

それにはパンフレットを作成し、メニューと価格表を掲載するなど、料金を目につきやすくすることが必要。こうすれば仕事内容もアピールできますし、料金を明示できます。

自分を基準にして料金を決める場合は、このサービスにはこれくらいの時間がかかるから、この料金。高度なテクニックが必要なこのサービスには、少し高めの料金。……そんなふうに決めていくのも、ひとつの方法です。

また、料金設定に迷ったら、会社の運営費、カラーの知識を習得するためにこれまでに費やした授業料を計算するなどして割り出してもいいでしょう。

▼…………相場の目安は「ランチ」…………▲

地域の相場を知るには、インターネット上で、似たような仕事の価格設定を調べてみるのもいいですね。パーソナルカラー診断などのカラーの仕事の場合、アロマセラピーやメイクアップ教室など、女性が多く利用するサービスの価格が参考になるはずです。

私が価格設定の目安にしているのは、その地域の「贅沢《ぜいたく》ランチの値段」です。友達と贅沢気分で二時間ほどのランチを……。そんなとき選びそうな、地元で人気のレストランのランチ価格が、「ちょっとした贅沢」に出せる金額の目安として参考になります。ランチ価格では大きな収入にはつながりませんが、まずは気に入ってもらうことが大事……。何度も足を運んでくれるリピーターをつくるための「ランチ料金」です。

価格交渉には誰かといっしょに

価格の交渉は難しいもの。とくにスタッフが自分ひとりだと、「ちょっとまけてよ」といわれた場合、即決を求められてしまいがち。でも、ほかのスタッフがいれば、「スタッフと相談してきます」と、ワンクッションを置いて、結論を引き延ばすことができます。

それには、同じように個人で営業をしている友人に協力してもらい、料金の交渉になりそうなときには、同行してもらうのがいい解決策になります。

私も個人で仕事をしている友人と助け合うことがあります。私の交渉のときには彼女がフォローしてくれますし、彼女の交渉に私がつきそうこともあります。こうした協力体制は、おたがいの集客力やスキルを、シェアすることにもつながります。

営業をアウトソーシングする

サロンなどを開設し、自分のカラーの知識に絶対の自信を持っているなら、営業をアウトソーシングすることがお勧めです。あなたのスキルを営業のプロに売ってもらうのです。

営業のプロを派遣するなどの営業専門の会社に依頼すれば、一か月十万円程度で、営業活動を代行したり、顧客を紹介してくれます。会社によっては、価格設定の相談にも乗ってくれますし、あなたの企画が価値あるものかどうかを、プロの営業マンが判断してもくれます。

［料金表の一例（外川の場合）］

★個人向け

パーソナルカラー診断①	似合う色	2000円（30分）
パーソナルカラー診断②	メイクアップカラー	2000円（30分）
パーソナルカラー診断③	アクセサリーとスタイル	2000円（30分）
パーソナルカラー診断④	お買い物同行	2000円（30分）
カラーセラピー	自分を見つめてみませんか？	2000円（20分）
イメージコーディネート①	理想の自分と本当の自分	3000円（40分）
イメージコーディネート②	外見の演出と目標決定	3000円（40分）など
視覚的イメージ戦略（オーディション用）		30000円〜

※「どのメニューも贅沢ランチ価格でお試しできます」というのがセールスポイント。リピートを意識して、メニューをこまかく設定してあります。価格は低めに設定してあり、何回かに分けて体験してもらうことでトータルコーディネートが完成します。一度でトータルに体験したい方には、割引価格のトータルコーディネートコースを案内します。

★企業向け

店舗内カラーコーディネート・アドバイス	1時間	10000円〜（応相談）
店舗内カラーコーディネート	1部屋	30000円〜（応相談）

視覚的イメージ構築　選挙活動	10万円〜（応相談）
視覚的イメージコーディネート　企業内研修	10万円〜（応相談）
視覚的イメージトレーニング　コンテスト出場	10万円〜（応相談）

※企業向けの研修などは、企業側と相談しながら決定。もしくはマネージメント会社を通して交渉します。個人での営業の場合、こうした価格の目安になるものを提示します。

3 お客様を得るために

NTTドコモの場合

市場にあふれる商品は、プロの手によってカラーリングとデザインが施されています。この本を書くにあたってさまざまな業界を取材しましたが、残念ながらカラーコーディネーターが陣頭指揮をとってプロジェクトを動かしている企業はありませんでした。

しかし、何億円もの効果をもたらすかもしれない商品のカラーリングなどに、カラー資格者の持つ技術が生かされる可能性は大いにあります。カラーに関するどんな知識や技術に、企業は価値を見いだしているかを、検証していきましょう。

多様化するニーズに合わせて、携帯電話にはさまざまな色が登場しています。NTTドコモでは、好まれる色についてのマーケティング結果を踏まえて、商品のカラーリングを決めているようです。そして、さらなる顧客獲得のためのサービスとして、「ほかの人と差別化を図りたいお客様」のために、個性的なカラーリングも提供しています。

これらを商品化する根拠は、マーケティングから得た消費者動向と「デザイン性」です。色はおおむね、一機種に対して三色が基本。マーケティング結果から白、黒、シルバー、ピンクを基本色として選定し、それ以外の個性的な色を組み合わせていきます。

驚くことに、市場にある携帯電話のカラーは、広報部では把握できないほど多様です。ニーズに少しでもこたえようと、同系色でも少しずつ色の異なる商品を用意した結果でしょう。カラーに対してそれほど気をつかっているのです。

そこで、カラーを決定する部署の皆さんは、カラーの資格をお持ちですか？　という問いをぶつけてみたところ、「資格者がいるかどうかは把握できていない」という回答でした。これは、カラーに関する仕事は外注されている、ということを意味するのでしょう。

▼…………サッポロビールの場合…………▲

ビール市場では、新分野の開拓も含め、大手四社の熾烈《しれつ》な戦いが展開されています。

こうした厳しい市場で戦う商品は、どのようにカラーリングされているのでしょう？

大手四社の現在の企業カラーをCI（コーポレーション・アイデンティティ）のロゴで見比べてみると、サッポロビールは黄色、サントリーは水色、アサヒビールは青、キリンビールは赤。これらはコーポレートカラーで、各企業を連想させる色です。

商品そのものに目を移すと、かつては「一社が一商品」というように、アイテムの数もかぎられていましたが、今は一社だけでも数十アイテムを販売しているため、自社製品でさえ商品の差別化を図らなくてはなりません。他社との差別化はさらに求められています。

たとえば、ビールの正面のデザインを「フェイス」と呼びますが、このフェイスができるかぎりお客様の目にとまるよう、配色を変える努力をしているようです。

缶入り飲料は中身が見えません。そのためデザイン担当は、中身が見えないながらも、その商品がどのような商品であるかを表現できるものにしようと努力します。

ビールの液体の色を用いて、黒ビールと一般的なビールの差別化を図る、青をつかって冷たい海を想像させる、緑色でホップをつかった商品であることをイメージさせる、などのイメージ戦略を取っています。このことからわかるのは、印象や味をカラーなども用いて反映できる「デザイナー」の力が求められている、ということです。

パッケージデザインでは、デザイン性だけではなく、大切な情報をお客様に届けることも大切です。そうした部分には「情報色彩」の知識が求められます。

サッポロビールでは、たとえどれほどデザイン性にすぐれていても、原材料や注意事項を明確に反映させることができなければ、そのデザインは不採用にするといいます。

では、こうしたさまざまな配慮が必要なデザインを担当しているのは誰かとたずねたところ、パッケージデザインは商品開発セクションとデザインセクションの担当だったが、しだいに、トータルにクリエイティブ管理ができる広告代理店の担当へと変わりつつあるという答えが返ってきました。このような傾向はビール業界だけではありません。

広告代理店は、独自のマーケティングリサーチ力を持っています。その力をつかって新商品の企画をプレゼンテーションし、売り場から宣伝広告まで一貫した商品デザイン、つまりその商品の総合的な演出方法を提案し、セールスプロモーションをかけていきます。

現在では、メーカーの、商品デザインを決める部署の担当者や開発担当者が、広告代理店といっしょに商品をつくり上げていくという形が多くなってきているのです。

ここにもアウトソーシング（外部委託）の事実が確認できました。「外部」である私たちにもチャンスがあるのです。

娯楽施設のパンフレットの場合

娯楽施設を運営する別の会社の広報部からも、同様の答えが返ってきています。

この会社では、パンフレットを作成する際には、目的やコンセプトを踏まえたうえでデザインを決めていきます。しかし、最終的なデザインの決定は、個々の広報担当者の裁量にまかされていて、カラーリングはデザインの観点のみから選択しているというのです。

社内にカラーコーディネーターがいるのかどうかは把握していないということでした。

私は、この会社のパンフレット等のカラーアドバイスをさせてもらったことがあります。

私のスキルを認めて、カラーに関する仕事をアウトソーシングしてくれたのです。この会社では、社内の人材育成をしたほうが、費用対効果の面で得策と考えていますが、外部委託をしたほうが、効率的で効果的だと認められれば、外部の人間である私たちにも依頼していただけるチャンスもあるのです。

ほかの企業もコスト削減と、より効果的なPR作戦を考えています。そして、アウトソーシングにより、その両方が実現できると考えた場合には、仕事をまかせていただけるのです。

効果を感じれば、人は関心を寄せる

不況のときに、少しでも支出を抑えたいと思うのは、企業も個人も同じです。それでもお金をつかわなければならない場合には、より効率よくつかいたいと頭をひねるでしょう。

そのことを踏まえたうえで、お客様の立場になったとき、あなたならどのような効果を期待して、「配色」という「自分でもできる」ことにお金をつかうかを考えてみてください。

お客様は無意識のうちにでも、おそらく次の二点に頭をめぐらしているはずです。

＊　カラーのプロから得た知識を、自分でも応用できるか？（つかい捨てにならないか？）

＊　その結果が数字や評判に結びつき、お金を払った効果を実感できるかどうか？

「もの」として残らない「知識」に代金を支払ってもらえるかどうかは、効果があったという実感や満足感にかかっています。

「アドバイスにしたがって、配色を変えたら見ちがえるようにきれいになった！」

色彩の効果を実感させられるアドバイスをできる人こそが、誰かの役に立つ、価値ある人。つまりカラーをビジネスとして成り立たせることのできる人なのです。

パーソナルカラーは外見に対する、カラーセラピーはメンタル面に対するコーディネートです。このふたつのうち、パーソナルカラーは一瞬にしてその効果がわかるので提供しやすいといえます。しかし、カラーセラピーは、効果を実感できたかどうかはお客様しだいです。カラーセラピーの価値は、お客様の満足度でしか測ることはできません。

このようなカラースキルは、たしかに注目されはじめています。では、仕事の現場でカラーのスキルは、どのような効果を期待され、どのように取り扱われているのでしょう？

▼…………カラーの知識でメンタルヘルスケアを…………▲

創業から二十年、企業に千件以上のセミナーを提供してきた㈱アクセスブレインに、カラーの知識だけで企業に売り込むことはできるかどうかを、たずねてみたところ、「色彩心理を応用したメンタルヘルスケアについては関心がある」との回答が返ってきました。

具体的には、色彩心理の知識を生かした色彩設計によって、コールセンターに勤務する人のストレスマネジメントなどを考えているようでした。メンタルヘルスケアにかかわるため、社員の福利厚生として会社も経費を落としやすいことも、理由にあるようです。

かつて、大手人材派遣会社のコールセンターに勤務する人々のストレスマネジメントのため、休憩室の色彩設計を担当したことがあります。

色彩設計は、テーブル上のマットの色を変更する程度でも、効果を上げられますが、大がかりなものになると、机やいすなどを取り換えなくてはなりません。

社員のメンタルヘルスケアを考えるなら、ときには企業側も、思い切った決断が必要になります。そんなときが、売り込みのチャンスです。福利厚生を含めた、企業の予算編成の時期や、リニューアルを考えているなどのタイミングをねらいましょう。

カラーの知識は応用がきくことを伝える

色彩に関する知識は、あらゆる形で応用がききます。そのことは、カラーの資格者なら誰でも知っていることですが、一般の人はそのことを知りません。

たとえば、「誘目性」と呼ばれる「人の注意をひく配色」は、「人」を目立たせるためにも用いますが、スイッチなどの「場所」をわかりやすくするためにも利用できます。

お客様に、求められたカラーの知識を提供したあとで、「じつはこれは、こんなふうにも応用がききますよ」というアドバイスを、報告書などでしてみてください。カラーの知識は一度かぎりのつかい捨てではないのだと、わかってもらういいチャンスです。いろいろに応用がきくことがわかれば、お金を払うことにも抵抗が少なくなるかもしれません。

また、こうしたアドバイスであなたの印象も強くなり、次の仕事につなげられます。

コンテストで好成績を獲得する

配色を変化させて効果を得られたとしても、そのことを証明するのは困難です。証明できるとしたら、アンケート調査で実感を集積した結果ということくらいかもしれません。

しかし、目立つ形でカラーの実績と信用を得るチャンスもあります。それは、コンテストなどの出場者をカラーの力で入賞させるという、劇的な功績を残すことです。

「ショッピングセンターロールプレイング接客コンテスト」は、全国のショッピングセンターの販売員が接客技術を競う大会です。規模の大きなこの大会で入賞すると、接客のプロとしてのステイタスも上がりますし、名誉なことなので、出場者を送り出す企業も、相当に力を入れます。企業はこのコンテストに向けて、スタッフをトレーニングし、コンテストの前にはロールプレイングを繰り返して、出場者の接客技術を磨きます。

私も以前、この大会に出場した、某アパレルメーカーの販売員のイメージコーディネートを担当したことがあります。彼女は、透きとおるような笑顔でお客様に接する方でした。

私は、まず、カラーセラピーで彼女のモチベーションを高めました。そして、彼女に新緑のような淡い緑の洋服を着てコンテストに出るようにアドバイスし、彼女の透明感をアピールしました。審査員には「あの黄緑の子」という印象を残し、会話で表現しやすく、時間がたっても彼女を思い出せるようにコーディネートしたのです。結果は準優勝でした。

こうしたタイトル獲得は、カラーの資格保持者の功績として、クライアントに明確に示せます。いい結果が得られるとはかぎりませんが、挑戦する価値はあります。

企業を説得できるだけの知識と、コンテストでタイトル獲得をねらうための企画書を携えて、クライアントの胸を借りるつもりで、企画を持ちかけてみましょう。

4 調査をし、データを活用する

カラービジネスを始めたばかりの新人はキャリアがないぶん、新鮮な発想で仕事に向かえる強みがあります。とはいっても大切な仕事に不可欠なのは、やはり信用と信頼です。

カラー資格保持者には、「アシスタント」として修業時代を経験する人がいます。自分の通った学校の先生などのお手伝いをし、その仕事ぶりを自分のものにしていくのです。

私にもそういう時代がありました。先生のセミナーや企業との打ち合わせのお手伝いをしながら、受講者や企業が何を求めているかを知るチャンスをいただきました。

同じスクールで勉強してもアシスタントになれない人もいます。また、独学や通信教育で勉強した人には、先生と呼べる身近な人さえ存在しません。そういう人がカラービジネスを始める場合は、自分自身で仕事をつかみ、キャリアを積み上げなければなりません。

いずれにしても、仕事を始めたら、自分で行動しなければ、結果はついてきません。とはいえ、すべてを自分でこなし、キャリアを獲得するのは至難の業です。

そこでお勧めするのが、カラーに関するデータ収集や調査を、あなたのほうから企業に依頼し、キャリアを積むため勉強させていただく形。まずは私の経験談からお話ししていきましょう。

▼……企業に「ブランディング調査」を依頼するメリット……▲

私がデータ収集を企業に依頼しようと考えたのは、時代が進み、企業イメージや市町村イメージを色彩で表すことが多くなってきたためでした。

こうした社会背景のなかで、カラー資格者として提案できることは何かを考えました。そして考えついたのが、企業内で、社員に自社ブランドイメージに関するアンケートを収集していただき、そこから問題点を探って、何かをつかみ取ることでした。

私は直接、企業に出向いて、以下のことをお願いしました。

［コーポレートカラー決定時における、社員の自社ブランド意識］

コーポレートカラーの特許を取る時代がまもなくやってきます。その前に、社員が自社ブランド意識をどれだけ持っているかを知っておくことは、コーポレートカラーを決定する際に、大いに参考になる資料です。データ収集を依頼する私たちカラー資格者にとっては、どのような業務形態の企業が、どういう意識をどんな色彩で表現するのかというデータを集められますし、いわゆる学問的な色彩心理を離れて、現場の意識を探るチャンスにもなります。

私は、右の依頼文を提出しました。お願いして得たデータ結果を分析することで、商標登録時には、アドバイス役として声がかかるかもしれないという期待もありました。まだキャリアの浅い私が、どんな仕事をしているのかをより詳しく知ってもらうためにも、またさらなるキャリアを積むためにも、私は、ふたつの会社の胸を借りました。

アンケートのデータ結果を分析したのち、説得力のある企画書や提案書を作成しました。データ収集をさせてもらった企業だけではなく、ほかの企業にも働きかけました。

こうした活動が仕事につながることもあります。また、分析したデータは、自主開催のセミナーの話題にもつかうなど、幅広く活用しようと思っています。
自分から行動を起こせば、なんらかのキャリアとスキルにつながるのです。

企業の選出と、アンケートの採取方法

このときにお願いした企業は、初対面だったわけではありません。かつて面識があり、業務内容やバックグラウンドを若干なりとも知っている二社に、お願いしました。

二社には、電話とメールで趣旨を説明させてもらったのちに、企画書を提出。その後、アンケート方法の説明をしてから、調査協力を引き受けてもらいました。

アンケートは、それぞれの会社の主要部署、もしくはトップが意見を聞きたいと望んだ部署に対して実施しました。標本数については、私は五十から百を目安にしたかったのですが、それぞれの会社の事情も考慮して、トップの判断におまかせしました。

アンケートの内容は、㈱日本カラーデザイン研究所「カラーリスト──色彩心理ハンドブック（小林重順著）」のデータベースイメージ調査をもとにして選出した百八十の形容詞と副詞から、自社に適当だと思う二十の言葉を選んでもらう、というものにしました。

次に、自社のイメージを一色で表すとしたらどんな色になるかを、その根拠などとともに書き添えてもらいました。

▼…企業のコーポレートカラーと自社ブランドへの意識…▲

「シチズンセイミツ株式会社」（ご協力企業）の場合

アンケート対象部署：総務　管理など
有効回答数　：二十五（男女）

シチズンセイミツは時計や自動車の精密部品の加工、生産などをおもな業務とします。社員はおよそ六百七十人、年商はおよそ三百億円。時計のムーブメント部品や自動車のＡＢＳの構成部品など、世界に誇る四つの技術を持っています。
アンケートをお願いしたとき、世界同時不況から厳しい状況に置かれていました。

シチズンセイミツは、すでに白、ライトグレー、ブルーのコーポレートカラー（企業イメージを表す色）を持っています。このコーポレートカラーは社員に定着していて、アンケートの回答者の大半が、企業イメージを表すカラーとしてブルーを選んでいました。

「自社ブランドを色彩で表すと何色ですか?」という、企業イメージについての質問では、会社に期待感を持つ人は、成長を意味する緑やコーポレートカラーのひとつである青などを選出していましたが、任務に疲れている人はグレーや、疲労も意味する赤を選んでいました。企業側には、一部には過労気味の人がいることも報告しました。

聞き取り調査では、コーポレートカラーの重要性を確信させるインタビューを得ました。シチズンセイミツはシチズンホールディングスの傘下企業です。シチズンセイミツを含めた傘下企業は、二〇〇八年の春から一斉に、シチズンホールディングスのコーポレートカラーである白、ライトグレー、ブルーをベースにした制服を着用するようになりました。

すると、傘下企業どうしの結束がかたまり、社内では、制服にステイタスを感じる、という意見が多く聞かれるようになったといいます。そして、社外的にも、ロゴと制服のみで、瞬時にシチズンセイミツと認識してもらえるようになったというのです。

シチズンというネームバリューとコーポレートカラーの浸透で、シチズンセイミツは世界的ブランドとして認められました。久田社長はその効果に満足しているといいます。

「富士観光開発グループ」(ご協力企業)の場合

アンケート対象部署:広報部など
有効回答数　　　:五十六(男女)

富士観光開発グループは不動産や娯楽施設を管理運営する企業です。所有する数々の施設は富士山のふもとにあります。多くの施設は国立公園内にあることから、自然環境に配慮した景観や運営を求められるなど、ある意味では特殊な環境を持つ企業です。

アンケート時は創業五十周年を迎えるにあたり、ロゴマークを作成している最中でした。


アンケート結果には、企業の所在地や事業内容がみごとに反映されていました。

ホームページやパンフレットの配色は「ナチュラル」という形容が当てはまり、アースカラーが主体となっていることがわかりました。

また、自社のイメージカラーを一色で表現してくださいという質問には、およそ八割の方が青系の色を選び、ついで緑系が続きました。さらに一割の方が、赤系を選びました。

この結果を受けて、私は以下のふたつの提案をしました。

パンフレットには、アースカラーに加え、青や緑を配色したナチュラルな雰囲気の色を使用すること。コーポレートカラーにはナチュラルな雰囲気のある青が適当であること。

この会社が創業時から使用しているロゴマークの色も、じつは青でした。

自社を表す形容詞と副詞を選んでください、という質問もしましたが、そのときに多くの回答者が選んだ言葉からイメージされる色も、同じ系統の色でした。

社員がイメージする自社の色とコーポレートカラーが、はからずも一致した例です。

こうした一致は、コーポレートカラーの決定に強い力を持つはずです。

5 「色」が重要視される時代のカラー資格者

コーポレートカラーの時代へ

ある意味では、カラーの資格者にとって、これからの何年かはチャンスの多い時期だといえるでしょう。というのは、企業が、コーポレートカラーを積極的に採用しはじめているからです。コーポレートカラーを決めるにあたっては、内部だけでなく、外部の力を借りようとする姿勢も見え隠れしています。

ここでは、コーポレートカラーに関する、企業の取り組みや、社会的な情勢について解説していきましょう。

NTTドコモは、二〇〇八年七月にロゴマークを一新。それまでは黒っぽい色のDoCoMoという文字でしたが、ロゴはdocomoにし、カラーも赤に変えました。

「ドコモレッド」と命名されたこの赤は、既存の印刷用のインクの配分では表現できない新しいカラーリングで、「ダイナミック」「躍動感」「変革」などの企業スタンスを反映させたものです。一方、ロゴは小文字に変更して、親しみやすさなどを打ち出しています。

企業ブランドの見直しを図ろうと、ドコモはプロジェクトチームを発足させ、一年あまりをかけて、ロゴやカラーリングの決定に取り組んできたといいます。そこには、決定権を持つドコモ社員のほかに、外部のデザイン会社など、シンクタンク的な存在が介在していました。つまり、決定権はドコモ社員が持っていますが、情報収集やアイディア提出などの役割が、外部に求められたのです。

デザインも、特定の人物のデザインだからという理由では採用しませんでした。企業スタンスを的確に表すロゴやカラーリングを提案してくれる外部のスタッフを求めたのです。

「色」を知的財産とみなす時代

企業のイメージカラーや商品の配色を特許の対象にするよう、二〇一〇年をめどに法改正が検討されています。この法律は、色彩だけでなく、動きや香りなどにも適用されるものとなります。

こうした法律は、アメリカでは一九七〇年代に、ヨーロッパでは、EU諸国をはじめとする多くの国を網羅する形で、一九九六年に施行されています。アジアでもすでに韓国がその権利を認めています。

この法律で新たに特許申請の対象となるのはどのようなものなのでしょう?

アメリカではティファニーの「水色の箱に白いリボン」のデザインと配色、ヨーロッパではペットフードのカルカンの紫色などが、色彩についての特許を取得しました。これらは、「その色を見ただけであの商品だ、と認識できるもの、イメージできるもの」を、ひとつの権利として法的に守りましょうという趣旨です。

こうした商品のカラーリングなど、企業が所有する知的財産や特許に関することがらは、一般に「知的財産部」などと呼ばれる部署が担当します。

青木博通氏(ユアサハラ法律事務所)は、知的財産部向けに数多く「商標に関するセミナー」を開いている弁理士で、経済産業省産業構造審議会の臨時委員でもあります。

青木氏によると、日本でも商品のカラーリングにまつわる裁判がかつて開かれました。

一九八〇年代から九〇年代にかけて、サンヨーは若者向けに「イッツシリーズ」という「濃紺」の電化製品のシリーズを販売していました。そのシリーズに他のメーカーが追随して、やはり「濃紺」の家電製品を販売したことについて、不正競争防止法違反に該当するか否かが争われた事件です。

それまではパステルカラーが主流だった家電製品に、濃紺という色をぶつけてきた「イッツシリーズ」がマスコミに取り上げられ、「色」への注目が高まった時期でもありました。しかし裁判では、サンヨーが濃紺をつかった独自性は認められず、「色は万人のものである」との指摘がなされ、色は誰でも自由につかっていいものだという結論が出されました。

それから二十年ほどで時代も変わり、こうした商品にまつわる「色」を法律で保護しようというムードが高まって、企業は本格的に「色」に注目しはじめたのです。

青木氏の指摘によると、こうした法律が適用されるには、その色を見ると特定の商品や企業を思い出す確率がかなり高いことが求められるといいます。

たとえばオレンジ色からは、ａｕやmixi、ＪＲ東海、日本郵政グループなどの大手企業をイメージしますが、道行く人に「オレンジ色から思い浮かべる企業はどこですか？」とたずねた場合には、回答として出てくる企業はそれぞれちがうでしょう。

また、色に「イメージ」を重ね合わせる広告戦略もあります。たとえば某ＳＮＳが運営している求人情報サイトではかつて「自分らしく働く。オレンジカラー宣言」というコピーを打ち、さらに「仕事が趣味ではなく、趣味が仕事になったような生き方がしたい」という コンセプトを説明した一文がありました。このように、ある特定の生き方を提案し、そこに「オレンジカラー」という色彩を重ねる場合もあるのです。

▼………「色」と色の専門家が重要視される時代………▲

「色」への意識を高めた企業は、コーポレートカラーやブランドカラーを決定し、それを唯一無二の企業イメージやブランドイメージとして定着させることをめざしはじめています。

そうしたイメージの定着をめざす際には、先ほどのdocomoの例のように、外部のデザナーやカラー関連の事務所にアイディアを求める場合が少なくありません。

ところで、実際にどれくらいの企業が、「色」を重要視しているのでしょう？

知的財産研究所が二〇〇七年に行った調査によると、自社が扱う「色」に関して商標権による保護を希望する企業は、四二パーセントにもなります。そして現在、産業構造審議会は、商標法を改正して、色を商標として登録し、保護することを検討しています。

早ければ二〇一〇年には改正案が国会に提出され、翌年に施行される可能性があります。そうなると、二〇一一年までに、「この色こそはわが社のものだ」としたがる企業が続出する可能性が大いにあります。色の認知度を高めることに力を注ぐ企業が増えれば、カラーのプロフェッショナルへの需要も高まります。

そうした時代に重宝がられるのは、企業イメージを十分に演出できる力を持ったカラー資格の保持者であったり、主力商品のカラーリングについて、色彩の知識を踏まえて根拠のある提案のできるカラー資格保持者であったりするはずです。

▼…さらに求められるもの1 ―― 色についての裁判例…▲

もしあなたが、これまでの色彩に関する判例を知っていたり、色についての法律的な知識を持っていて、そうしたものを踏まえたアドバイスを企業に与えることができるなら、色の専門家としてのあなたの需要は、さらに高まるはずです。

本来、こうした分野は、特許事務所や弁理士の仕事の範囲ですが、そのような知識をひととおり持っている色の専門家がいれば、企業としても安心して仕事をまかせられます。

これまでの色彩と商品にまつわる裁判例を知りたい方は、裁判所の知的財産裁判例集のデータベースを検索すると、過去の判例が見られます。判例を読み込みさえすれば、これまで、色彩という点から商品などを保護する場合に、どのような点がポイントになってきたかがわかるはずです（これまでは「不正競争防止法」が適用されてきました）。

色彩に関する判例としては、前述のイッツシリーズの裁判のほかに、「オレンジ戸車事件」などがあります。情報収集に役立ててください。

▼さらに求められるもの2――インターナショナルな感覚▲

「日本でこうした『色』の商標登録に乗り出すのは、はじめのうちは外国の企業だろう」と、前出の青木氏はいいます。外国ではすでに色の商標登録が進んでいます。平たくいえば、「うかうかしていると、外国の企業にコーポレートカラーや商品のカラーの商標登録で先を越されて、日本企業は、自社のコーポレートカラーや商品のカラーをつかえなくなる」という事態になりかねません。

「色」の商標登録には「認知度」も重要なポイントになるとお話ししましたね。つまり日本企業にとっては、外国の企業の商品がどれくらいのシェアを持っているのかなども、重要な情報となってきます。

カラー資格保持者の立場として考えると、これから日本に輸入されるものや、現在、外国で流行しているものなどのカラーリングにも注目しておきたいところです。

「カラー資格保持者なら、外国のカラーの流行だって知っているだろう」と思われるにちがいありません。その期待にこたえられる、外国の事情にも通じた存在になりたいですね。

▼さらに求められるもの3 ―― 色彩心理的分析力▲

コーポレートカラーやパッケージデザインに企業理念が反映されていることは、サッポロビールの例でも明らかです。そして大手企業の場合、商品の配色やコーポレートカラーに、創業当時の商標や商品デザインの一部をつかっていることが多々あります。

カラーの専門家であるあなたは、こうした商品の配色からどのような印象を受けるか、あるいは、その配色の持つ意味にはどのようなものがあるのかなどを分析して企業に提供することで、自分を売り込むこともできます。そうした色に関する情報を得ることで、企業は、その商品のＰＲコメントの充実を図れるからです。

ある商品の分析を行うためには、ほかの商品との比較も重要になってきます。それには、つねに多角的に商品や企業を見つめ、現在、どのような市場でどのような配色が流行しているのかなど、情報収集と分析を心がけておきたいものです。

▼…………… プロの根底をつくるもの ……………▲

柴野邦雄氏の肩書きは「サッポロビール株式会社　サッポロブランド戦略部　チーフデザイナー」。長年、デザインやカラーリングに携わってきたプロフェッショナルです。

柴野氏の、卓越した技術と仕事への姿勢に「配色への気遣い」の重要性を学びました。

柴野氏は、商品の配色が決定し試作品のチェックなどに立ち会う際には、試作品の缶などに色が映り込まないようにするため、必ず白いワイシャツ姿になるといいます。黄色いネクタイも避け、また色の強いネクタイは肩にかけて試作品のチェックに立ち会います。コンピューター上で決めた色からつくられた試作品の場合は、あくまでも現物の持つ色彩にこだわって、室内で見る色と、戸外で見る色のちがいを確認するのだそうです。

「現物の見え方にこだわるのは、お客様が目にするのは、（パソコン上の色ではなく）実際の商品の色だからです。お客様は、その商品をあらゆる状況下で手にします。お客様の立場にならないと、デザインの本当のよしあしはわからないのです」

柴野氏は、それに続けて、多くの人にわかりやすいカラーリングをめざしていること、さらには、カラーユニバーサルの観点から、色弱などの身体的ハンディを持つ方にも認識してもらえるようなカラーリングを学んでいることを、つけ加えました。

学びつづけようとする姿勢、そして、新しい視点を求める姿勢。柴野氏のこうした姿勢こそが、プロフェッショナルとして求められる条件ではないでしょうか。

その柴野氏から、カラーの仕事をしていくうえでのアドバイスをいただきました。

「カラー検定の資格は『知識』としては十分活用できますが、『実戦経験』がともなっていないので、『現場に応用できるか』というと、なかなか難しい部分があります。

しかし、資格を取った人が実務経験を積めば、『ロジカルで経験値もある説得力』が身についていくでしょう。資格保有は立派なことです。多岐にわたるカラーの知識から、得意とする専門技術を磨いていき、知識の奥行きを広げることが大切です」

少しでも長くカラーの仕事に携わり、ひとつでも多くの「実践」と「経験」を積みたいものですね。

第4章

この業界に売り込んでみよう

1 ブライダル業界

結婚式にカラーの知識は不可欠!

ブライダルという言葉を定着させた桂由美氏によると、披露宴のお色直しでは、にぎやかなムードのなかに新郎新婦が登場するため、より華やかでなければ、新婦は引き立たないといいます。

桂氏が全日本ブライダル協会を立ち上げたのは、新婦がよりよい祝福を受けられるようにすることが目的でした。それは新婦が、自分に似合う衣装を選べるようにすることから始まり、司会者など、新婦の周囲の人の意識を向上させることを目的としていました。

結婚式に携わるスタッフにカラーの知識は必要ですか、と桂氏にたずねてみました。答えは、間髪を入れず「イエス」。会場そのものの色合いから、テーブルクロス、花、ドレスにいたるまで、すべてにおいて色彩を整えることが大切だといいます。

そして結婚式と披露宴には、そうした色の知識を用いて、新婦が輝けるようなコーディネートができる人材が必須であるというのです。それを実現するために、全日本ブライダル協会は、ブライダルにおける流行色やコーディネート案などを毎年、提案しています。一定周期で繰り返されるファッションに、社会情勢などを加味してデザインを決めていきます。流行カラーは、一般のファッションの流行から少し遅れて取り入れられます。

「ただし、ファッションやカラーの知識を持っているだけではだめ。それを生かすための花やデザインなどの知識をそなえ、さらに結婚式とはどういうものなのか知っていなくては、仕事としては成り立ちません」

桂氏はそういい、さらに現場で必要とされる人材になるための別の要素を挙げました。

「まずは相手が何を望んでいるかを探ること、相手の気持ちを満たすことを考えることです。それができれば、おのずと自分のするべきことがわかります」

▼……ブライダルの現場におけるカラーの知識……▲

では、ブライダルの現場では、カラーの知識はどのような位置づけにあるのでしょう?

全日本ブライダル協会の理事でもある三上弥貴子氏が運営するオフィス三上は、スタッフ全員がパーソナルカラーの知識をそなえた、ブライダルプロデュース会社です。

プロデューサーである三上氏が、結婚式全体を見わたす立場になり気がついたのは、視覚的な統一感をつくるための、カラーの知識の必要性でした。すでに二十六年のキャリアを持つ三上氏には、仕事の依頼は十分にありましたが、カラーの勉強を開始しました。

「ブライダルプロデューサーとして大切なのは、新郎新婦にすばらしい思い出を差し上げられるかどうかです。思い出がすばらしいものにならなければ、失礼にあたるでしょう？周囲からは、『仕事が軌道に乗っているのに今さら勉強？』という声も聞こえてきましたが、それ以上に、カラーコーディネートの知識が必要だと痛感したのです」

私もブライダルのプロデュースや新郎新婦の衣装選びを担当させていただくことがありますが、カラーコーディネートの知識を応用する場面の多さを実感しています。

▼………カラーの知識の必要性を売り込んでみる………▲

結婚式の衣装は華やかな色づかいなので、ふだんの服装を決めるのとは、多少ちがう感覚が必要です。そうした「感覚のちがい」を埋めるためにも、カラーの専門家が必要です。

披露宴で白無垢《むく》、色打ち掛け、白ドレス、カラードレスと四回のお色直しが標準化されている地方もあります。このうち白無垢は、顔の近くに多くの布がつかわれるので、表情や顔色に大きな影響を与えます。またカラードレスは、肌の色を大きく左右します。

こうした衣装の効果を述べた企画書を作成し、ブライダル業界に、カラーコーディネートの必要性を持ちかけてみましょう。

デパートが開催するブライダルフェアでは、イベントとしてパーソナルカラーアドバイスを取り入れている場合があります。アドバイザーとして売り込むのもいいでしょう。ホテルと提携する道もあります。ブライダルの担当者にパーソナルカラーのノウハウを教える仕事も考えられますし、パーソナルカラーリストとしてホテルと提携し、結婚式を挙げる方々へのアドバイスをさせていただくのもいいでしょう。

貸衣装店やブライダルプロデュース会社と仕事をすることも、可能性のひとつです。

とくに昨今は、ドレスやブーケのコーディネートと合わせ、テーブルクロスやナプキン、卓上花、招待状、引出物の袋などをテーマカラーで統一するのがトレンドになっています。

これらすべてを担当してみたいと考える場合には、ブライダルプロデュース会社（あるいはホテル）に企画を持ち込むのがいいでしょう。また、プロデュース会社の社員を対象にした、カラーセミナーを開くことを提案するのも、ビジネスの一案です。

▼…………地域特性などの情報収集が不可欠…………▲

カラーの知識を提供する前に、必ず収集しておきたい情報が二種類あります。

ひとつ目は、冠婚葬祭に関する地域の特色についてです。冠婚葬祭には重要なしきたりが多く、当事者だけではなく家族や親族にまで影響がおよびますから、アドバイスをするのは、地域や家族のしきたりを確認してからにしたいものです。

もうひとつは、経費の見積もりです。コーディネートするためのクロスや装花の経費や、その季節に手に入るものなのかどうかを大まかに把握しておくことです。会場に持ち込めないアイテムなどについても確認が必要です。

2 ヘアカラー・化粧品業界

拡大したヘアカラー市場

日本ヘアカラー工業協会のデータによると、ヘアカラー市場の規模はこの三十年に、二百億円から一千億円へとおよそ五倍に拡大。増加の割合は、平成に入ってからのほうが高くなっています。この拡大は、おしゃれ染めやブリーチが、市場を広げたためと考えられています。スポーツ選手が髪を明るくしはじめた時期とも一致します。

またヘアカラーは、出荷額では髪化粧品のトップにありますが、おしゃれ染めは縮小傾向。これは、黒髪を落ち着いた明るさに染める傾向が強まったためと考えられています。

私は、ある大手ヘアカラーメーカーにお仕事をいただいたことがあります。ひとつは、その会社のヘアカラーを、パーソナルカラーごとに分類するお手伝い。もうひとつは、社員の方々を対象に、配色や色彩のもたらす効果についてのアドバイスでした。社員の方々は、ヘアカラーの知識は十分でも、カラーそのものの効果については、あまり知りませんでした。

同時に、その会社のパッケージデザインの効果についてもお話しさせていただきました。すでにできあがっているパッケージについての解説というのは、順番がさかさまな気もしますが、こうした事例も多いのです。

▼……………ヘアカラー業界へのアプローチ……………▲

業界へのアプローチは、自分でできることから始められます。たとえば市販のヘアカラーをパーソナルカラー別に分析し、消費者向けに、「適切なヘアカラー選びのためのアドバイス手帳」などをつくってみます（あるいはWEB上で公開します）。そのうえで、このときに得た分析結果を、発売元の企業に持ち込んでプレゼンテーションをしてみるのです。

気に入ってもらえれば、あなたの手帳をもとにしたアドバイス情報が、販促物としてパッケージに添付されるかもしれません、また、ドラッグストアなどでのデモンストレーション（ヘアカラーの販売促進）をまかされる可能性もあります。

化粧品業界とカラーの知識

従業員数五人の化粧品会社、株式会社トランスメソッドは、二〇〇八年九月に、新ブランド ametuti（アメッチ）を発表しました。ボトルやパッケージカラーには、カラーカードの「ブライトの16番」に近い色。聖母マリアの着衣の色に近いことから、プロモーションを担当する社員は「マリアカラー」と呼んでいます。

新商品発売プロモーションのトークショーで、私は、マリアカラーのボトルがお客様の化粧台に乗っている場合にどのような癒《いや》し効果があるか、カラーセラピストとしてのコメントを求められました。このイベントのあとで、参加した方の感想に目を通したところ、ボトルの色そのもののセラピー効果へのコメントが多く見受けられました。

また、ある化粧品の卸問屋は、年に数回、得意客向けにパーソナルカラーの無料講習会を開いています。おもに個性や顔の特徴を踏まえた化粧品のカラー分析と、パーソナルカラー診断のノウハウを提供しています。この問屋の顧客の大半は美容関連の仕事をしている人。この会社は、そうした人々にカラーの知識を提供することで、買い物を促すのです。
これらを参考に、化粧品業界にどのような企画を持ち込んだらいいかを考えましょう。

化粧品業界へのアプローチ

まず考えられるのが、化粧品メーカーへの、以下のような売り込みです。

フルメイクはしなくても、口紅だけは塗るという人は多いでしょう。その口紅の色をパーソナルカラー分析し、その分析をもとにしたアドバイスコメントを、発売元に提案するのです。販売促進のデモンストレーションに採用されるかもしれません。

またWEB上にこれらを公開しておくと、メディアの目にとまることもあります。

次に、美容部員の方々を対象にしたカラーの知識の提供も考えられます。

美容部員の方は、化粧の技術も、化粧品の効果やノウハウの知識も持っています。しかし、業界全体として、こうした人々にカラーの知識の習得を促すことに積極的ではありません（個人的には、カラーの知識を習得しようと努力している方もいます）。

そこで、パーソナルカラーの知識を提供するセミナーの提案や、現場で簡単に生かせる、カラーに関するノウハウを詰め込んだ研修を提案してみてはいかがでしょうか？

この場合、研修などを統括する人事部などに企画書を持ち込んでみましょう。

もうひとつ考えられるのが、パッケージのカラーリングへのアドバイスです。この場合、漠然と「この商品はこう見える」というだけでは説得力に欠けます。ホームページなどを見て商品のコンセプトを把握したうえで、「企業理念や商品の持つ効果を反映したカラーリングとして、こうした色づかいも考えられます」と提示できる企画書を考えましょう。

パッケージにかぎらず、ボトルなどのカラーもアドバイスできると、発言の機会が増えます。また、小規模の企業にとっては、経費は少ないほうがありがたいもの。プリント代やパッケージ素材代などのコスト計算も提示できると、喜ばれるでしょう。

3 デパート業界

デパート業界は売り込みのチャンス大！

ある百貨店の商品選定過程では、商品開発担当者はプルミエール・ヴィジョン（国際テキスタイル見本市）などを視察し、二年先の商品の傾向を調査するといいます。

調査後、対象シーズンの色のトレンドなどを加味して、どのような商品を買いつけるかなどを書いた企画書ができあがります。この企画書にしたがって買いつけが実施されます。

この一連のサイクルのなかには、カラーに関する仕事が多数ありますが、実際にこの仕事に従事している人々は、マーチャンダイザーや、空間デザイナーたちです。なぜなら、デパートでは商品を陳列するにあたり、什器《じゅうき》や売り場の飾りつけなど立体的な空間のコーディネートが必要なため、カラーの知識だけではつとまらないと考えられているからです。

それでも、カラーの知識の必要性は認識されていて、スタッフ（正社員、派遣社員、アルバイトなど）がカラーの資格を取得すると、給料に反映される百貨店もあります。

業界全体の売り上げの落ち込みから、広告宣伝費も削られる傾向にあるといいます。しかし、これは大きなチャンスです。これまで高名な専門職に依頼していた百貨店側が、支払う報酬を削減する傾向にあるのですから、企画が採用されるチャンスも高まります。斬新な企画を提案することも大切なポイントです。企画書を提出する場合には、マーチャンダイジング部門、商品企画部門、開発部門などを窓口にするのがいいでしょう。

カラーの知識を用いて、デパートの売り上げアップに貢献すれば、あなたの存在感は大きくなります。そのために、担当してみたいデパートに足を運んで、コンセプトや客層、ロケーションやディスプレイの傾向などを調べておきましょう。

また、デパート本体に売り込む切り口として、販売員向けの技術向上セミナーなどの企画も有効です。現場を留守にできない販売員のために、内容をコンパクトにまとめたガイドブックなどを提供するのもいいでしょう。

▼……「現場」のカラーコーディネート……▲

百貨店全体のコーディネートを担当するのは、ビジュアルマーチャンダイジング（VMD）のエキスパートです。しかしだからといって、カラーの仕事をしているあなたにチャンスがないわけではありません。

商品の陳列をまかされるのは、売り場のスタッフです。現場を経験するために、百貨店のスタッフとして働いてはどうでしょう（売り場には、派遣社員やアルバイトもいます）？面接の際には「カラーの資格を持っています」とアピールし、商品陳列を担当できる部署に配属してもらえるように努力しましょう。自分の配属されている売り場のほかにも、陳列を担当することができる場合もあるといいます。また百貨店によっては、二週間ごとに、あるいは天候によって商品を入れ替えるようですから、頻繁に実力を磨けます。

年に数度開かれる陳列コンクールで実力を認められれば、チャンスはさらに広がります。

カラーに関する売り場でのアプローチ

買い物に来ているお客様を対象に、十分か十五分でできる、パーソナルカラーやカラーセラピーのアドバイスなどのイベントを考えてみましょう。イベントは、お正月、ひな祭り、入学式といった行事とリンクさせることができます。また、季節を意識したテーマ、つまり日焼け・肌荒れ対策などの企画も考えられます。さらに地方の百貨店では、地方独特の行事などもあるので、企画を持ち込むチャンスが増えます。

百貨店に入っているショップ（テナント）にアプローチすることもできるでしょう。ショップには、販売員がいます。そうした販売員に消費者が求めているのは、商品への知識もさることながら、根拠のある言葉で似合うかどうかを判断してもらうことです。販売員の方に、流行色と素材の生かし方についてのアドバイスの仕方や、取り扱っている商品の色彩についてのノウハウを提供することができるでしょう。また接客の際には、パーソナルカラーやカラーセラピーの知識をつかって、お客様のファッションをほめるなど、説得力に厚みを増す方法も提供できます。

4 不動産業界

「壁の色が白」の意味

世界一の長寿を誇る日本では、お年寄りの居住環境に大きな変化が見られます。広い家を管理しづらくなったお年寄りが、小さい部屋に移り住む、あるいは有料老人ホームへ入居するようになっているのです。一方、未婚率も上昇し、一人世帯が増えています。

そんななか、注目を集めているのが、株式会社レオパレス21です。住宅建設や賃貸などが中心の会社が多い不動産業界で、レオパレス21は、お客様の土地をつかってアパートを建て、家賃収入を保証しながら三十年間運営することを、主たる業務としています。

健全なアパート経営をサポートするのが、この会社の目的ですから、リスクを少しでも減らし、「売れる（つまり賃貸契約者が途切れない）」アパートしかつくらないように細心の注意を払います。そのため、売れる場所に売れる物件を建築するのです。

売れる物件に必要なのは、場所だけではありません。内装にも、大切なポイントがあります。それは「壁の色が白」であること。ところどころに木目が用いられていることはあっても、私が見たほとんどのモデルルームの内壁の色は、白でした。

「部屋の内壁は、入居者が個性を生かして絵を描くような、画用紙的な存在です」

レオパレス21はそういいます。時代の変化に合わせて外観のデザインやカラーリングはさまざまでも、内装のカラーリングは、広く受け入れられ、入居者の個性が発揮できる配色であることがポイントだというのです。

▼……カラーのプロがいる建築会社……▲

山梨県最大のシェアを誇る西甲府住宅株式会社は、完全自由設計による住まいづくりが売りです。口コミで評判が広がり、七割が購入者からの紹介によるお客様だといいます。

お客様への対応を重視しているこの会社の実感として、この十年のあいだに、住宅を購入する際の消費者意識は大きく変化したといいます。

住宅購入を決めたお客様の、「自分の家」という意識が強まり、雑誌などで研究して、壁紙や什器《じゅうき》の色合いをはじめ、デザインや設計に注文を出してくる傾向が高まったのです。

ただ、そうした注文には、設計的に無理があるものや、デザイン的なバランスが悪いものなどもあります。そんなときにどんな対応をすべきか、それが大きな問題でした。

人生で最大の買い物であろう住宅購入ですから、業者を選ぶ目は厳しくなります。ひとつ対応を間違えれば、お客様の持つ印象も悪いものになりかねません。

これらの難しい問題をクリアするためには、説得力のあるアドバイスが必要だと、西甲府住宅は考えました。カラーコーディネートの資格取得を社員に促し、建築や色彩について裏づけのあるコーディネートをお客様に提供することにしたのです。

この事例からは、カラーの資格をビジネスにつなげるチャンスがうかがえます。

▼…………ファブリックの配色をアドバイスする…………▲

オーダーメイドでない住宅の場合、内装やインテリアはある程度決められていて、購入者の希望が入り込む余地はあまりありません。しかし、カーテンやクッション、テーブルクロス、ベッドカバーといったファブリック類は、たいてい自分で買い求めます。

「契約を結んだお客様にカラーコーディネートなどのアドバイスをします」

そんな企画を、建売住宅を専門とする企業に売り込んではどうでしょう？　家といっしょにファブリックも新しくそろえたいと考える家庭も多いでしょうし、自分たちのセンスが生かされる余地があることに好感を抱き、売上につながるかもしれません。

そんなコーディネートに心をはずませるお客様を相手に、三十分ほどの短い時間で、配色の技術や色彩心理の面から、ファブリックを購入する際のポイントを解説するのです。部屋によっては、広く見せる効果のある配色のポイントや、すっきり見せる配色のポイントなど、ネガティブさを改善するアドバイスも含ませたいものです。

営業マンを対象にしたセミナーなど

営業マンを対象に、パーソナルカラーなどの技術をつかって、信頼感のある外見を演出し、お客様に気に入ってもらえる服装や髪型などのアドバイスをするというのも、需要にマッチするかもしれません。こうしたアドバイスの際には、営業マンそれぞれの個性を尊重したうえでブラッシュアップするようなメニューであることが大切です。

これらをセミナーとして開く場合には、忙しい業務の合間になるので、早朝やアフターファイブなどに、なるべく簡潔で短時間にできるように考えましょう。

また、内装やインテリアについて、カラーコーディネートの知識を提供するセミナーを企画するのも一案です。こうした知識は、お客様との会話をスムーズにしますし、適切なアドバイスのできる人材の育成にもつながります。

これらの企画は、人事部など、セミナーを主催する部署に持ちかけます。

▼……………住宅展示場でのイベント企画……………▲

住宅展示場を利用して、カラーに関するイベントを企画することもできます。

たとえば、インテリアやファブリックのカラーコーディネートのコツをアドバイスする、カラーセラピーを用いた癒《いや》しの空間づくりのためのセミナーを開く、などが考えられます。

室内のカラーコーディネート上のアドバイスを、配色の技術や安全色彩などを応用して行うことも可能です。お客様の前で提案したカラーリングを、その場で手渡せるようなパソコンスキルがあると喜ばれます。また、ざっくばらんな話のやりとりを通して、お客様のニーズを掘り起こせれば、企業側のあなたへの評価も高まるでしょう。

こうした企画を売り込む場合のポイントは、報酬の決め方です。

イベント企画として年間で契約してもらう、必要なときだけ声をかけてもらい日当払いにする、住宅購入が決定したときにマージンをもらう、などが考えられます。はじめは週末だけ手伝わせていただくなど、企業にあなたがいることの効果を感じてもらいましょう。

5 美容師

「色のある髪」を染める難しさ

厚生労働省の賃金構造基本統計調査によると、平成一九年の理・美容師の平均月収は二一・五万円。年収は減少傾向にあり、平成一四年と比べて四十万円近く低下しています。

ロサンゼルスで開かれたヘアメイクの「アイビーン世界大会」のヘアショー部門でグランプリを獲得した細井隆明氏は、美容サロンを持つかたわら、東京や大阪などで美容室向けにカットの講習会と、イメージコーディネートの講習会を開いています。

その細井氏に、美容の世界にはヘアカラーなど、カラーの専門家を必要とするニーズがありますか、とたずねたところ、なるほどと思えるような答えが返ってきました。

「ヘアカラーは、白いものを染めるわけではありません。髪という色のあるものを染めるのですから、一概に同じ結果が得られるわけではない難しさがあるのです」

そのうえで細井氏は、カラー資格者と美容室のコラボレートのヒントをくれました。

「カラーの知識を用いることで、お客様がその場で満足感を得られれば、コラボレートもありえます。たとえば、お客様のパーソナルカラーを選び、お客様がその色のヘアカラーへ挑戦するなど売り上げにつながれば、美容室にも受け入れられるでしょう」

売り上げの数パーセントを報酬とするのが適当であるとも、つけ加えていました。

▼………美容室でのパーソナルカラーアドバイス………▲

細井氏のアドバイスをもとに、パーソナルカラーをつかった企画を考えてみましょう。

理・美容室での、待ち時間やパーマをかけている時間を利用して、パーソナルカラーのアドバイスをするのです。費やす時間は長くても十五分程度に抑えます。ポイントは、どのようなカラーリングが、お客様の顔を若々しく、美しく見せるかに絞ります。具体的には、目の輝きや頬《ほお》の赤みの変化などを実感してもらえるようにしてみましょう。

ヘアカラーは顔の印象をコントロールする大切なものですから、お客様に診断結果をお伝えしたあとで、専門家の意見として美容師に報告しましょう。

美容師にカラー知識を提供する

若い美容師の多くは美容学校で色彩学について学んでいますが、パーソナルカラーのエキスパートは多くありません。そこで、若い美容師向けに、パーソナルカラーの知識を、短時間にリーズナブルな料金で提供することを考えましょう。お客様がヘアカラーに迷っているときに、説得力あるアドバイスができるという点を強調すれば、きっと喜ばれます。

店舗のカラーリングやガウン、タオルなどの備品に

日本理容美容教育センター副理事の山形正喜氏は、理美容の専門学校では美的センスを店舗デザイン、理美容師自身の装いなどに利用できる人材を育成しているといいます。

こうした美的センスにうったえて、タオルやカットの際に利用するガウンやクロスなど、面積の広いものにもカラーの知識を提供してみるのも価値のあることです。

業界全体の収入の落ち込み、競争の激化が叫ばれるなか、顧客獲得のため、店長クラスも積極的に新しいものを取り入れようとカラー関連の講座を受講しています。

閉店後も技術の向上に取り組むなど、仕事熱心な人が多い職種ですから、必要な知識だと説得できれば、仕事につなげるチャンスは大いにあります。

6 宝飾業界

変わりつつある宝飾業界

宝飾業界は厳しい局面に立たされています。しかし、日本ジュエリー協会は「ジュエリーが売れなくなったのではなく、売り方、売られ方が変化した」ととらえているようです。

かつて宝飾業界では、宝石や貴金属をどのように加工するかという技術面やデザイン面ばかりが重要視されていました。お客様に対しても、お客様の好みを重視するより、宝石の価値やデザインを勧めてきたといいます。

しかし、二〇〇〇年ごろから、「素材がよければ売れる」という時代の終焉《しゅうえん》を実感した日本ジュエリー協会は、お客様へのホスピタリティを持ち、包括的にお客様へのサービスができる人材を育成する必要性を感じ動きだしました。つまり、目ききと腕ききの職人集団から、宝石の基礎的な知識をお客様に提供し、ファッションとのコーディネートを考えるようなサービス業へと脱皮を図りはじめたのです。今では感覚にたよらない、根拠のある説明とサービスを業界全体に定着させるために、さまざまな取り組みをしています。

「白い」宝石から色つきの宝石へ

「イヤーストーン」「イヤーカラー」という試みも、そのひとつです。毎年、その年の宝石と、その年の流行色を提示し、ファッションと宝石をリンクさせたコーディネートを提案しています。イヤーカラーは、二〇〇七年はホワイトアンドピンク、二〇〇八年はオレンジでした。また、二〇〇九年のイヤーストーンは、ダイヤモンドです。さまざまな色のついた宝石をファッショナブルに身に着け、楽しんでほしいという思いからの提案です。

これまでの傾向では、色のついている宝石は売りにくいものだったといいます。デパートの宝飾品売り場でも、一般的にプラチナやホワイトゴールド、ダイヤモンドなど、「白い」宝石や貴金属が主流で、エメラルドやサファイアなど色のついている宝石は、お客様サイドに手控える傾向があったようです。その風潮も最近、変化を迎えています。

ジュエリーにまつわる色の景色

大阪の阪急デパートのメンズ館に、男性用のラペルピンが置かれるようになりました。若いころからアクセサリーを着け慣れている世代は、年を重ねても抵抗なくラペルピンなどをファッションに取り入れているようですが、最近は、さらに団塊の世代も、自分らしさを表現しようと、カジュアルなジュエリーを購入するようになっているといいます。

アクセサリーの色は、プラチナやシルバーが主流ではあるものの、赤や青の宝石が少しずつつかわれるようになっていることからも、今後、男性のファッションをコーディネートするためのカラーアドバイスは、必要性を増してくるでしょう。

ジュエリーショップを経営するうえでも、カラーの重要性が認識されているようです。

東京の白金台には、店内などの配色にこだわり、独特の雰囲気とゆったりとした空間を大切にしている宝飾店があります。外壁は卵黄色を少し鮮やかにした黄色、内装はやさしい水色という、まるで地中海地方の建築物のような配色です。

この配色には、商品を提供する際にはお客様との対話を重視し、お客様の人間性が表現できるジュエリーを提供するような店でありたいという思いが込められています。

また、商談の際に出されるコーヒーカップとして、やわらかい水色が特徴的なアメリカンアンティーク、ファイヤーキングが用意されています。

これらはオーナーのセンスによるもので、カラーコーディネーターは介在していませんが、こうした空間づくりにもカラービジネスが参入できる可能性があることがわかります。

▼…………男性社会に女性のセンスを提供する…………▲

宝飾業界の従業員には男性が多く、企業のトップはほとんどが男性。多くの場合、宝石を身に着けるのは女性なのに、女性の感覚はこれまでほとんど反映されませんでした。

宝飾業界は、そうした状況にある種の危機感を抱くと同時に、カラーに対する重要性を感じはじめています。たとえば女性のカラー資格者にさまざまな提案をしてもらうことで、女性への新しいサービスを提供できるようになるかもしれないと考えているようです。

「自分たち男性が知らないカラーの知識や可能性を、きちんとわかるように説明してほしい。カラーの知識は大いに必要だということを強く思わせてほしいのです」

ジュエリー協会理事の言葉です。カラーの重要性を感じながらも、取り入れ方、生かし方がわからなかったのです。ジュエリーコーディネーターに配布される雑誌には、パーソナルカラーについての記事が連載されていることからも、カラーが大切だと認識していることがわかります。宝飾業界に企画を持ち込むときには、この感覚を忘れないことです。

▼………ジュエリー販売員にカラーの知識を提供する………▲

高価なジュエリーを贈るには、結婚記念や退職記念などそれなりの理由があることも多いでしょう。そうしたお客様の思いをくみ取るには、会話が必要です。会話からお客様の気持ちを推し量り、満足してもらえるような商品を勧めなくてはなりません。


そうは思うけれど、宝石以外の知識、つまりトータルコーディネートやパーソナルカラーの知識が不十分で、説得力に欠けてしまうというジレンマを持っている販売員の皆さんに、パーソナルカラーのスキルを提供するセミナーを開いてみてはいかがでしょう?

繁忙期を避けての集中セミナーか、毎週数時間ずつの長期的なセミナーが考えられます。どのような目標を立て、どこに習熟ポイントを置いてカリキュラムを組むかが、こうしたセミナーでの腕の見せどころです。カラーの専門的な知識を教え込むことよりは、カラーの知識をどう生かしていけるかが、現場では大切。ボーナス商戦のピークである七月と十二月の繁忙期に、成果が表れるように日程を組むのがベストです。

イベントに参加する

ジュエリーメーカーの多くは、ボーナス前の五月と六月、九月から十一月に、イベントやフェアを開き、集客目的でチャリティーオークションやネイルアートなどを催します。そこにパーソナルカラーやカラーセラピーの技術を提供することを持ちかけてみましょう。

「何人かのカラー資格者でデモンストレーションをしますから、多くのお客様に楽しんでもらえます」という触れ込みなら、主催者も受け入れやすいでしょう。また、トークショー形式で、カラーセラピーやパーソナルカラーの知識を提供してもいいかもしれません。

いずれの場合にも、ジュエリーの知識を前もって備えておき、「カラーアドバイスがどうにか売り上げにつながるように」と、主催者の立場を意識しておくことが大切です。

個人商店でもこうしたイベントを開いているところはあります。調べてみましょう。

また、東京ビッグサイトや幕張メッセなどの大会場でのイベントについては、メーカーに問い合わせが必要です。企画書とプロフィールは、どのような場合にも必須です。

カラー面でブランド力強化を提案する

ティファニーにはパッケージを見ただけでティファニーとわかるブランド力があります。高額な宝飾類には包装にも商品と同等の高級感が求められます。何通りもある箱とリボンの組み合わせでその店の持つ個性を効果的に演出したいものです。


こうしたカラー面での演出は、色彩心理や配色の技術を応用すれば、できることです。

たとえばパッケージデザインそのものを提案する、パッケージの配色パターンを提示するなどして、ブランド力の強化を図ることを提案してみましょう。パッケージは実物をつくり、配色については配色パターンをいくつか用意して提示するのが近道です。

入手可能なパッケージを、インターネットなどで調べておくことも必要です。

店舗の色彩設計

いかにも宝飾店、という外観の店舗は、少なくなりつつあります。店の外観や内装を変えたいと考える店主のお手伝いは、カラーの資格保持者でもひと役買うことができます。

大がかりな内装工事はデザイナーや建築家が役割を担いますが、陳列部分などのリニューアル、つまり、テーブルクロスや陳列棚、照明、グリーンの分量などの配置やデザインを変える際には、あなたの配色技術を生かせます。「お客様に居心地のよい雰囲気を提供することが売り上げにつながります」と、アプローチしていくといいでしょう。

あまり経費のかからない部分を、具体的にアドバイスするところから始めましょう。効果を実感してもらえれば、次の仕事につながります。宝飾店にかぎらず以前にカラーデザインを手がけた空間の写真があれば、ぜひ見ていただきましょう。説得力が増します。

7 接客・販売員

非価格競争分野がカギ

価格には反映されないけれども、顧客満足度には反映される分野を「非価格競争分野」といいます。パッケージデザインもここに含まれますし、販売員の接客マナーなども含まれます。カラーの知識はこうした非価格競争分野で力量を発揮することが多いため、残念ながら商品第一と考える企業には理解しづらい分野です。

とはいえ、デパートなどでは従業員は制服を着用しています。制服の着用は、企業が効果的だと考えているイメージを着用し、お客様にそのイメージを印象づけることにほかなりません。こうしたイメージの印象づけをより効果的にできれば、非価格競争に打ち勝つ可能性が高まりますよとアピールすれば、企業は、関心を示してくれるでしょう。

では実際に、企業が用いている戦略を見てみましょう。

大手保険会社の取り組み

インターネットでも保険に加入できる時代になったため、保険業界は従来の外交員による保険販売との二極化を迎えています。インターネット上の取引では満足できず、外交員とのやりとりのなかで安心を得ながら保険に加入したいと思う人も必ずいます。

そうした外交員の質を高め、激化している獲得競争を勝ち抜くために、ある大手保険会社では、保険の知識を深めるセミナーに加えて、販売員の個性を生かしたコミュニケーション能力の強化を図っています。その一環として、パーソナルカラーを用いて好印象を与えるためのセミナーが組まれ、私が講師を担当したこともありました。

はじめて会った方に話を聞いてもらうために、パーソナルカラーや色彩心理を利用することが有効であるという私の話に、外交員の皆さんは大いに関心を持ったようでした。

たとえば、ヘアカラーやメイク、洋服などのほか、持ち込む資料のファイルの色にも色彩心理を応用し、配色を戦略的につかえば、自分の信条さえ表現できるのです。

ここで、重要なポイントを押さえておかなくてはなりません。

それは、外交員にとって、演出したいことがらがそれぞれにちがう、ということです。美しいことが絶対的な評価基準ではありません。外交員によっては、カラーで演出したい個性が「親しみやすさ」の場合もあれば「信頼感」の場合もあります。外交員それぞれの個性や持ち味に合わせた、幅広いニーズにこたえられることが大切になります。

こうしたカラーセミナーを開く場合は、各支店に企画を持ち込むことから始めましょう。企業の中枢に持ち込む場合は、人事部など企業内セミナーを計画する部署を訪ねます。

ここで少し男性の販売員に目を向けてみましょう。保険業界にかぎらず、男性にも販売員がいますが、男性は、カラーの知識にあまり興味を示しません。しかし、カラーに関心の高い女性を相手にする業種では、それでは仕事上のデメリットが生じます。また、男性販売員自身の好印象づくりのためにも、カラーへの知識が必要になってきます。

そうした人々を対象に、カラーコーディネートの知識を提供することも考えましょう。男性はカラーに興味を示さないからと、市場が誰にも開拓されていない可能性があります。

窓口業務のイメージコンサルティング

窓口対応は、自社の印象を担っている業務ですから、大半の企業は、好印象を与えてもらいたいと考えているでしょう。ところが、窓口業務に携わる人の多くは、マナー研修などは受講しているものの、本格的にメイクや衣装について学ぶ機会はあまりないのです。

お化粧は個人の自由という考え方もあるでしょう。しかし、企業の印象を左右する部署ということを考えると、お化粧も衣装も、戦略のひとつだととらえることもできます。

そうした観点から企画を提案していきましょう。

たとえば具体的なイメージ画像を提示して、お化粧や服装を変えることで、見た目にどれだけの印象の変化が生まれるかを示してみるのです。

カラーの力による劇的な変化を見ていただき、仕事への道を開きましょう。

8 弁護士

裁判員制度による影響

弁護士白書によると、二〇〇七年の時点で弁護士の数はおよそ二万三千人。しかし、法科大学院の設立や新司法試験の実施などの司法制度改革により、その数は、二〇一五年にはおよそ四万三千人にまで達するといわれています。

そうしたなか、二〇〇九年五月に裁判員制度がスタートしました。

これらにより裁判のあり方はまちがいなく変化します。たとえば、被告は、好印象を与えられるようにという配慮から、出廷時の衣装をある範囲で選択できるようになりました。これまでは法律に関する知識や過去の判例をもとに争っていた弁護士にも、裁判員のかかわる重犯罪の裁判では、幅広い年齢層の裁判員を説得できる、わかりやすい説明やパフォーマンス、そして好感を与えられる外見が求められるようになってきます。

一方、陪審員制度を導入しているアメリカでは、弁護士のパフォーマンスはきわめて重要視されています。大きな裁判の前には、弁護士は「トライアルコンサルタント」という、心理学者や俳優、経済学者などからなるプロ集団によって、パフォーマンスやプレゼンテーション法を完璧《かんぺき》にプロデュースされます。裁判に勝つために、裁判が行われる土地の人々の考え方や伝統、陪審員たちの人種・バックグラウンド・思考の傾向などが分析され、弁護士は、髪型や服装、化粧、そしてほほえみ方まで指導されます。

裁判員制度の導入で、日本でもこうした傾向が強まるかもしれません。

「これからは国際舞台で展開する裁判が増えていきます」

アメリカのクイン・エマニュエル法律相談所・東京事務所のヘンリー幸田氏の言葉です。グローバルに商取引を行う日本企業が増えているため、必然的に、裁判も国際化していきます。世界で弁護士のパフォーマンスが重視されているなら、日本人の弁護士にも、必然的にパフォーマンスのうまさや、外見から与える好印象が求められるようになります。

このような状況のもとで、カラーの知識を持つあなたが、弁護士を相手にどのようなサービスを提供できるかを考えていきましょう。

▼……司法の場でのカラーコンサルティング……▲

まず考えられるのは、パーソナルカラーを駆使して、弁護士の印象をコントロールする技術の提供でしょう。カラーの力で、表情を明るく見せることも、誠実そうな印象を与えることもできるのだと、弁護士事務所に売り込んでみましょう。

また、色彩心理の知識やカラーセラピストの資格を持っていれば、裁判員などのメンタル面にアピールする配色をアドバイスすることもできますね。

▼……裁判に効果をもたらすフリップの作成……▲

時代は視覚重視。テレビのバラエティ番組にも国会の質疑応答にもフリップが登場します。裁判でも、ポイントを箇条書きにしたフリップや、図で説明したフリップなどを利用して、よりわかりやすい弁論をしようと、弁護側も検察側も研修会を開いているようです。

パソコンスキルがあれば、色彩心理の知識をつかって、より誘目性の高いフリップやグラフの作成を仕事にしてみるのも一案です。

手づくりのフリップをリポートに取り入れたリポーターの長田新氏はいいます。

「フリップは、指差しながら説明ができるため、聞き手にとってはわかりやすいアイテム。文字の大きさや字体を工夫すると、伝えたい内容をより明確にもできます」

フリップは、かぎりある時間のなかで弁護を行うのに有効な手段でもあります。そうしたフリップの長所を弁護士会にアピールし、セミナーを開くなどして、あなたの技術の必要性を知っていただきましょう。サンプルを用意すると、説得力が増します。

▼…………弁護士事務所の顧客を増やすために…………▲

弁護士過剰の時代には、顧客獲得のためにも、弁護士事務所のパンフレットやウェブサイトを、わかりやすく、人目を引くものにしなくてはなりません。

「コーポレートカラーをつくることで、事務所の理念もアピールできます」

そんなアプローチも含め、効果的な配色と文章でブランディングをお手伝いしましょう。

弁護士事務所の内装を変えることで、依頼者を増やすお手伝いもできます。配色によって、安心できる空間や、心を落ち着かせることのできる空間をつくり出せることは、カラーの勉強をした人なら誰でも知っていますね？　弁護士事務所にそうしたアピールをして、事務所のカラーコーディネートのお手伝いをするのです。
大がかりな色彩設計の場合には、建築会社や設計事務所に共同企画を持ちかけましょう。

▼イメージコンサルティングのノウハウを教えるセミナーを開く▲

前述のように裁判員制度下では、被告人も、ある範囲で服装を選べるようになりました。つまり、服装が判決を左右する場合も出てきますから、弁護士がクライアント（被告人）の印象をコーディネートできれば、裁判の勝率も上がるかもしれません。

そこで、弁護士事務所に働きかけて、イメージコンサルティングのノウハウを教えるセミナーを開きましょう。より多くの弁護士事務所に声をかけて大規模なセミナーを開いても、個々の事務所に話を持ちかけて、数多くのセミナーを開いてもいいでしょう。

第5章

カラーの先生になってみよう

1 受講生はこんな先生を待っている

楽しいカラーの授業とは？

色彩を自在に操る女性。カラーカードをつかってテーマにそった配色をする有能なカラーコーディネーター。そんな将来の自分の姿をイメージして学校に入ったのに、はじめての授業で先生の口から出てくるのは、歴史や難しい単語ばかり…。

はじめてカラーの世界に接するときには、全体像が見えていないだけに、どのように授業が進んでいくのかがわかりません。耳慣れない新しい単語が大事なものかどうかさえ判定がつかず、要領よく整理できないものです。

でもたまに、そんな受講生の気持ちを大切にしてくれる先生もいますね。そういう先生は、受講者が楽しいだろうと思うことから講義を始めてくれます。誰もが魅力を感じる作業から始めて、その作業中に出てきた疑問にていねいに答えてくれるのです。

あなたが楽しいと感じた授業。そんな授業をしてくれる先生を受講生は待っています。

身近なものに引きつけて教える

受講生は教科書の内容を理解できても、具体的に把握できないことがあります。教科書に書かれたことをかみ砕いて、現実にはこんなところに用いられているのだと、引きつけて教えられれば、受講生も「なるほど！」と、納得するはずです。理想的な先生は、教科書に書かれたことを、具体的に受講生に提示して、わかりやすくするための存在なのです。

また、カラーコーディネーターをめざす受講生にとっては、自分たちがしている勉強が、どのように現場で生かされているのかを知りたいもの。現役のコーディネーターである先生からそれを聞けることこそ、教室に通っている醍醐味《だいごみ》です。

たとえば、お菓子や洋服などは、季節ごとに新商品が発表されます。そうした商品を素材に、配色の基本を説明すれば、受講生の興味は高まるはずです。

ファッションも、有名人や要人のそれをもとに解説すると興味を引けます。前述のように、オバマ大統領が選挙戦で着用していたネクタイは、ほとんどが赤か青でした。それはなぜだと思いますか？　というところから、色彩の意味について説明していきましょう。

街には、カラーの知識に関する生きた事例があふれています。変わりゆく街の景色と色に目を向けた、新鮮な講義を心がければ、受講者にはとても魅力的に映るはずです。

2 卒業した教室で教えてみよう

「学ぶ」から「教える」へ

カラーコーディネートの教室は、カルチャーセンターや社会保険健康事業財団が運営するペアーレなどのほかにも、さまざまな場所で開かれています。

これらの教室で教えている講師は、いきなり講師になったわけではありません。たいていの場合はアシスタントなどをつとめて、「教え方のコツ」を学ぶのです。

プロへの近道は、自分が教わった先生にアシスタントとしてつくことです。アシスタントになると、それまでの「学ぶ」立場から、「教える」立場へと視点を変えて講義を見ることができ、受講者の立場ではつかみづらかったことが、あっという間にわかることもあります。

最終的に講師をめざす人は、受講中から、アシスタントがどのように募集されているのか、情報を収集しておきましょう。

場合によっては、先生にアシスタントをしないかとスカウトされることもありますが、多くの場合は志願して、選ばれるのを待つのがよいでしょう。


私が、アシスタントを選ぶときのポイントは次の三点です。参考にしてください。
＊カラーの知識習得に熱心なこと
＊講義を、私の目を見て聞き、表情で理解しているかどうかを伝えてくれる
＊私だけではなく周囲の方々にごあいさつがきちんとできること

▼……　アシスタントになるとこんなことが学べる！　……▲

アシスタントの仕事は、講師が講義でつかう道具をそろえることから始めることがよくあります。カリキュラムごとの必要な道具を知ることもできますし、その道具の購入方法を知ることもできますね。また、講義の際に必要なデモンストレーションボードの作成をまかされれば、つくる際のポイントだけでなく、講義のテクニックの勉強にもなります。

アシスタントとして、手伝いながら講義の展開を見ることで、受講生が混乱しやすい配

色や、問題点などもわかってきます。講義を終えたあと、教室以外の場所で行われる事務的なやりとりにも立ち会えるため、講師の仕事を全体的に理解できるようになります。

将来的に講師をめざす人にとって、アシスタントは実務を経験できるありがたい場です。しかし、アシスタントのチャンスを得られない人もなかにはいるでしょう。そういう人には、講師としての一連の業務を教えてくれる教室もあります。ただ、高いところでは百万円近い費用がかかるので、できるなら卒業した教室のアシスタントに志願しましょう。

アシスタントから講師に昇格するまでには時間がかかる場合があります。その時間は、教室によっても、個人の能力によっても異なりますから、アシスタントを志願する際には、あなたの先生に、講師になるまでの経過をたずねておくのがいいでしょう。

3 専門学校の講師になる方法

講師としての資格と資質

専門学校の講師になるには、大きく三つのルートがあります。ひとつ目は、大手のカラーコーディネート事務所に登録して、講師として派遣してもらう方法。ふたつ目は、自分で履歴書などを送って面接を受ける方法。三つ目は、コネクションを利用して面接にこぎつけるか、推薦してもらう方法です。

講師になるには、カラーコーディネートに関する検定のいずれかで一級を取得する必要があります。そのうえで、講師の求人のある学校や教室に応募することになります。

新人として応募する場合は、持っている資格と、職務経験を明記します。講師経験がある人は、講師経歴のほか、研究内容や講師としての得意分野なども明らかにしましょう。

履歴書を読む人事担当者に「この人材を生かしてみたい」と思わせることです。

講師としての「資格」をクリアできたとしても、「資質」がなければ、のちのちつらいことになりますから、自分に資質があるかどうかを見きわめることも大切です。


ファッション系の大手専門学校、岩崎学園の岩崎智美学園長は、講師として求められる資質は、「モチベーション」「学びつづける姿勢」「面白いかどうか」の三つだといいます。

また、早見芸術学園の太田裕多佳理事長が採用の条件とするのは、次のような人です。

「ファッション業界をめざす生徒が、この講師に教えてほしいと思うようなコーディネート技術を持っている人、あるいは自己演出ができている人」


こうしたファッションの専門学校で教える場合、少なくとも学生以上にファッションに関する専門知識を持っているか、ファッション関連の仕事をしていないと、的確なアドバイスはできないといいます。カラーコーディネートの知識だけではつとまらないのです。


また、前述の太田理事長は、こうもつけ加えました。

「学校にとってメリットがあるカリキュラムを考えてくれるカラー講師なら歓迎したい」

では、実際には、どのような講師がそこで活躍し、どんな講義を開いているのでしょう？

じつは講師の経歴も、カラー関係の講座内容もさまざまです。色彩検定用講義やパーソナルカラー講義のほか、造形学をまじえたカラーコーディネートの講義などもあります。

講義内容は学校サイドに決定権があるので、カリキュラムも学校の専門性に合わせて組まれています。言い換えれば、かなり自由にカリキュラムを組めるのです。あなたの専門性と応募したい学校の専門性をマッチさせるような内容を考えられれば、採用に近づくでしょう。そうしたマッチング能力も「学校にとってのメリット」なのかもしれません。

▼……………カリキュラムづくりのポイント……………▲

専門学校の科目には必須科目と選択科目があり、カラーコーディネートは、選択科目に数えられます。カリキュラムは一年間の講義で三十時間。学校によって異なりますが、九十分から二時間がひとコマです。通年でバランスよく学べるカリキュラムが望まれます。

あなたが考えた講義内容を実現するために必要なものは、ふたつ。ひとつは、三十時間のカリキュラムで何を学べるのか、その着地点を明確にすること。もうひとつは、なぜそのカリキュラムが必要なのか、つまり学ぶことで得られるメリットです。

カリキュラムは学校の特性に合わせて

色彩学はさまざまな分野とリンクする基本的な学問ですから、学校の専門性にそった、色彩学のカリキュラムを組まなければ、講師としては失格です。たとえばコンピューターグラフィックの学校では、ファッションコーディネートの色彩学は必要ありませんね。

実際にカリキュラムを組み立てるときには、まず、学校の専門性をあらかじめ調査し、テキストのなかでカラーの知識が必要となる部分をピックアップし、基礎的な色彩学を教える際に、学校の専門性と関連づけられる例題を用意しましょう。

カリキュラムを作成している最中に、わかりづらそうだと感じる部分を発見した場合は、プレゼンテーションボードで説明するか、配色実習などで補えるように、ワークシートをつくるなど、方針を決めておきましょう。

［パーソナルカラーを取り入れたカリキュラムの例］

	分野	タイトル	内容
1	色彩学	色彩学とカラーコーディネーターの役割 色と視覚 色の分類 PCCS 色相環	「カラーコーディネーター」とは何か、その役割と必要性をもとに実務に活用する色彩学についての概論。 なぜ、色は見えるのか？ 光と色、目の構造について。 色相環など基礎的な用語と知識を学習。
2	色彩学	色の三属性 表面色の見え方 目の働きと色覚 PCCS 色相環とトーン（1） PCCS 色相環とトーン（2）	有彩色と無彩色について。 「色相」「明度」「彩度」の3つの性質。 光の反射によって色が見える原理と、見る感覚の働き＝視覚について学習する。 「PCCS」。日本で開発された表色系の特徴である色相環とトーンの概念について。 色相環とトーンでつかわれている記号について。
3	色彩学	混色 加法混色 中間混色 減法混色	混色の基本原理について。
4	色彩学	照明と色 色の見え方（1） 同時対比と維持対比 色相対比、彩度対比 明度対比、補色対比　他	光源のちがいを理解し目的に応じた利用方法を学習する。 同色なのにちがって見えるのはなぜか、色の対比効果を確認する。 目立つ看板、読みやすい看板には、どんな色がつかわれているか、実例をもとに確認する。
5	色彩学	色の見え方（2） 同化現象、視認性　他	網膜の働きと関係する視覚効果について。
6	色彩学	色の心理的効果（1）	派手な色、暖かそうな色、高貴な色、興奮する色、引き締まって見える色、食欲が増進する色などの、色の心理的効果。

	分野	タイトル	内容
7	色彩学	色の心理的効果（2） 色のイメージ	色彩の心理的効果の実例について。 カジュアル、エレガント、ゴージャスなど、イメージを具体的に表現してみる。
8	色彩学	配色（1） 色相にもとづく配色	色相を手がかりにした配色技法について。
9	色彩学	配色（2） 色相にもとづく配色	複合的な調和、不調和の調和。 配色を考えるうえでの基本的な要素について。
10	色彩学	配色（3） トーンにもとづく配色 配色（4） アクセントカラー セパレーション グラデーション　他	色彩調和を計画するために便利な配色技法と配色形式。 トーンを手がかりにした配色技法。 アクセントカラー、セパレーション、グラデーションなどについて。
11	パーソナルカラー	パーソナルカラー（PC）とは	アメリカ発祥のパーソナルカラー理論について。 パーソナルカラーリストの役割などについて。
12	パーソナルカラー	ブルーベース（BB）と イエローベース（YB） 4シーズンの特徴	ウォーム（イエローアンダートーン）とクール（ブルーアンダートーン）の概念について。 スプリング、オータム、サマー、ウィンターの4シーズンの特徴。
13	パーソナルカラー	4シーズンのボード作成	実際に使用する教材を学習しながら制作する。

	分野	タイトル	内容
14	パーソナルカラー	PCのデモンストレーション	モデルを活用してPC（パーソナルカラー）の分析方法を学習。 デモンストレーションの具体的な流れについて。
15	パーソナルカラー	PC分析の実際（1）	パーソナルカラーの見分け方　ドレーピングの実践。 目・肌・髪の色とそれぞれの個性から、その人にもっとも似合う色を診断。
16	パーソナルカラー	PC分析と実際（2）	受講者どうしがモデルを交互につとめて、パーソナルカラーを学習。
17	パーソナルカラー	PC分析と実際（3）	パーソナルカラーを、メイクカラー、ヘアカラーなどに応用することを学習。
18	パーソナルカラー	メイクカラー、ヘアカラーとライン	ブルーベースとイエローベースのそれぞれのメイクのちがいと、メイク実践。
19	パーソナルカラー	PCシート、カラー手帳の作成	お客様にもわかりやすいパーソナルカラーのアドバイス帳を作成。
20	ライン アナリシス	ラインアナリシス	顔型・体型等全体のプロポーションを分析し、洋服、アクセサリーの素材やライン。
21	ライン アナリシス	デザインの要素 デザインの原理 トータルコーディネーション	ファッションライン、コーディネートをアドバイスするときの基礎用語など。

	分野	タイトル	内容
22	エキストラ	ブライダル	ドレス、ブーケ、メイク、ヘアスタイルのラインと、色の会場装飾（テーブルコーディネート、卓上花）等への応用。
23	エキストラ	カラーセラピー	色彩心理学の応用について。
24	コミュニケーション	プレゼンテーション概論（1）	プレゼンテーションとは何か、その目的と心構えについて。
25	コミュニケーション	プレゼンテーション概論（2）	TPOを踏まえたプレゼンテーションの方法について。
26	コミュニケーション	実践 お客様との会話トレーニング	会話の基本と話題の探し方について。
27	コミュニケーション	実践 共感と語彙力の強化	お客様に合わせた言葉の選び方と声のトーンのつくり方について。
28	デモンストレーション	学習成果発表（1）	有効なプレゼンテーション方法、説得力のある発声法、話し方について。
29	デモンストレーション	学習成果発表（2）	現場を想定しプレゼンのトレーニングをする。
30	まとめ	最終テスト	これまで学んできた知識の確認。

講義に必要な材料を準備する

ここでは、ファッション関連のカラーコーディネート講座をもとに、話を進めます。テキストで配色についての知識は学べます。でもその知識を、受講生が本当に理解しているかどうかは、実際に配色をしてもらわないと確認できません。色彩学の基礎的な部分は、その後に学ぶパーソナルカラーなどにも大きく影響しますから、受講者の理解度を確認するためのワークシートを、必ず用意しておきましょう。

また、基礎的な配色の説明には、プレゼンテーションボードをつかいましょう。指を差しながら説明できるので、受講者は教科書よりも集中でき理解も深まるはずです。色相環やトーン表などは自分で作成できます。ケント紙などにカラーカードを貼《は》りつけてジグソーパズル用の額に入れるか、厚さが一、二ミリ程度の厚紙にカラーカードを貼りつけて防水スプレーをかければできあがりです。

言葉では伝えきれない配色の実例は、目で確かめられるよう工夫しましょう。たとえば、ファッションコーディネートの講座なら、日ごろからファッション雑誌に目を通し、気になる配色をスクラップします。スクラップした写真は厚紙に貼りつけ、その写真のファッションと同じカラーカードをつかって配色し、専門用語で解説できるようにしておきます。

履歴書と面接

専門学校はつねに新鮮で質のよい講師を探しています。存在を知ってもらうためにも、プロフィールは日ごろから用意しておき、履歴書を送る準備を整えておきましょう。送る際には電話で送らせてもらっていいかと、確認を取ってから。いきなり送るのは失礼です。実際、無断で履歴書を送ってきた人は採用しないと明言している専門学校もあります。


履歴書で関心を持ってもらえれば、面接へ進めます。

面接では、あなたの人柄や、あなたが教えられる講義内容などの具体的な話になります。

前述のカリキュラムと企画書は、そのときのためにも早めに準備しておきたいものです。

また、カラーコーディネート以外のスキルがある方は、その専門的な知識と経験をアピールするチャンスです。アピールがうまくいけば、採用される確率も高まります。

プレ講義のチャンスをその場でもらう

採用にこぎつける近道として、実際に講義を見てもらう方法があります。

面接をしてもらえるときには、私は必ず、講義に必要な道具一式と学校の特性に合わせたカリキュラムを携えていき、実際に講義を見てもらうようにつとめています。

採用担当者にはカラーの知識はないかもしれません。でも、はじめてカラーの知識に触れる方が「面白い！」と思うような講義ができれば、採用の可能性は大きいでしょう。

プレゼンテーションの場を得たら、採用担当者にもその場で体験してもらえるようなプレ講義をします。網膜の残像現象などは説明しやすいし、体験しやすいですよね？

ファッションコーディネートの講義なら、採用担当者を対象にしてパーソナルカラー診断のプレゼンテーションをすれば、関心を引くこともできます。

決められた時間内に、インパクトのあるプレ講義ができるようにしておきましょう。

4 イベント・セミナー講師への道

イベントやセミナー、どうやって開く？

イベントやセミナーは個人でも開けます。レストランやカフェ、美容室やアートギャラリー、ネイルサロンなどのお店の一角を借りて開くことも十分に可能です。

私は、「ランチタイムセミナー」という会をレストランなどで開いています。お客様には、ランチの値段にプラス五百円ほどの料金を払ってもらい、ゆっくり食事をしながら、カラーコーディネートの話を聞いてもらいます。ひとりで参加する方でも、講師の私がいるので孤立せずに、楽しく、カラーの知識を深めることができます。

この会でカラーの知識に興味を持っていただいた方のために、さらにステップアップした講座を用意して、同じレストランで別のセミナーを開きます。レストランなどでのセミナーは、食事やお茶を気軽に楽しめるために、より充実感を得られる場合があるのです。

こうした地道な活動を通して、カラーコーディネーターとしての実力と認知度を上げていくと、自治体やショッピングセンターなどから講師の依頼が舞い込みます。

たとえば自治体では、「生涯学習」というカテゴリーで講師を募集しています。生涯学習のための講師は、講座内容を決めるボランティア委員などの推薦によって決まることが多く、その場合、「認知度」や「実績」が評価の対象になります（広報紙や自治体のウェブサイトなどで募集が行われ、自薦で応募する場合もあります）。

また、ショッピングセンターや商店街のイベントは、イベント企画会社がマネージメントをしていますが、ここでも講師は、日ごろの活動実績や認知度から選出されます。

インターネットを活用して講師の募集を見つけることもできます。自治体の募集を見つけるなら、自治体名と「生涯学習　講師　募集」などのキーワードを、イベントの場合は、「イベント　ショッピングセンター　企画」などのキーワードを入れて検索しましょう。

地域での活動の実績と、あるテーマではエキスパートだと認知されることが大切です。

そのためには、はじめのうちは、ターゲットをしっかり絞ってセミナーを開き、参加者の興味を引く授業と、質問には的確に答えられる準備を心がけしましょう。

▼イベント・セミナー開催の準備1 ―― テーマを決める▲

イベントやセミナーを開くためにもっとも大切なのは、テーマを決めることです。「誰のための」「何のイベント・セミナー」なのかを具体的にしましょう。かつて自分が興味を持ったことを話すのですから、参加者の気持ちにこたえるのは難しくないはずです。

テーマは、あなたが経験してきたことや、あなたの現在の環境にヒントを得ましょう。似たような境遇を持つ人に向けて発信できるテーマのほうが、説得力があります。たとえば「受験生を持つお母さんのためのリラックスカラーセミナー」「子どもの集中力を高めるカラーコーディネートセミナー」「就職試験に打ち勝つセンスアップカラーセミナー」などです。テーマと、セミナーのタイトルは合わせて考えるようにしましょう。

セミナーのテーマ例①

ランチタイムに差をつける！
1時間できれいになる働く女性の魅力アップ講座

お昼休みの10分を利用して、キレイなあなたをつくりましょう。
教室は○○から徒歩0分！　講座時間は30分です。
○○駅まで15分で来られるところであれば
お昼休みを利用して講座が受けられます。

受講料は1000円！

ランチ1回分を魅力アップにかけましょう！！！！

セミナーのテーマ例②

肌に合った色をつかい、顔の特徴をつかんだ
メイクアップの方法を教えます。

「素顔美人？！みたいなメイク術」
＊アイシャドー、チーク、口紅、ファンデーションなどの色選びのポイント

「もう悩まない、マイナスをプラスに変えるメイク術」
＊自分でできるコンプレックスだった顔の特徴を生かしたメイクアップ法

「お小づかいで選べる！　すぐれものメイクアイテム」
＊お金をかけずに選ぶ、自分にあった市販の化粧品について
＊あなたの第一印象を左右する、まゆげの書き方教えます
＊素肌美人を目指そう！　自分でできるスキンケア

セミナーのテーマ例③

個性にあった色を選定し、
似合う色と気をつけたい色を教えます。

「好感度アップ！　間違いなしの色選び」
＊カラードレープを当てて、似合う色を調べます

「あこがれの的になれる！　輝くあなたのアクセサリー選び」
＊アクセサリーチェック、あなたを輝かせるアクセサリー選びのポイント

「派手だなんていわせない！　品よくアピール洋服選び」
＊似合う柄や素材、洋服の形などのポイント

セミナーのテーマ例④

カラーセラピー効果をつかった心のコーディネート

気になる色からわかるあなたの心理状態。
色の持つ心理作用を利用して、心から元気になりませんか？
ぐっすり眠れる配色や、ダイエットに向いた配色などをマスターし、
自然な笑顔をつくりましょう

「がんばりすぎない私になろう！　自分発見講座」
＊あなたの最大の関心事は？　カラーセラピーで自分と向き合う

「ストレスからの開放！　笑顔美人のつくり方」
＊居心地のよい環境をつくって、ストレスのない自分の素顔を知る

「失敗しない！　勝負服の選び方」
＊色彩心理にもとづいた「似合う色」を利用。モチベーションをアップする洋服選び

▼イベント・セミナー開催の準備2――開催時期を決める▲

開こうとするセミナーのテーマはタイムリーなものであるべきですが、たとえばクリスマスに向けたセミナーを開くとしたら、いつごろからなら適当なのか、難しいところですね。眼鏡の似合う芸能人を選出するイベントなどの仕掛け人、山元雅信氏はこういいます。

「あえて時期をずらすと、注目を集めることができます」

世の中がクリスマス一色になる前に、あえてその時期に開く裏づけを明確にして、ひと足早くイベントを仕かけると、注目を集め、集客も見込めるのだそうです。

たとえば、「誰よりも早く、クリスマスにそなえてレッスン開始！」などと、秋からクリスマスまで継続して何かを習得するセミナー、というのもアイディアのひとつですね。楽しいことへの準備は、心がはずみます。この心理をうまくつかみたいものです。

▼イベント・セミナー開催の準備3――時間配分を考える▲

内容と日程を決めたら、次は、セミナーを「どれくらいの時間で、どんなふうに」開くのかを考えましょう。時間は長すぎても短すぎても、不満が出ます。

参加者がセミナーに費やす時間を考えてみます。会場までの往復の時間とセミナーを受講する時間、そして受講生仲間とお茶を飲む時間。これらを合わせるとおおむね半日。私は、そのなかで、セミナー時間は、六十分から九十分が適当だと考えます。

最近、大学の講師仲間と講義時間の話をしました。九十分の講義を半分ずつに分けて考えないと、学生は飽きてしまうようだ、というものです。また、ひとつのテーマは十五分くらいが適当。次々にテーマを展開してくと、講義についてきてくれるのです。

話すテーマを予告し、時間を区切ってテーマを展開していくのが有効なようです。

▼イベント・セミナー開催の準備4 ―― コラボレーション▲

フリーで活躍している講師には、カラー以外の専門性を持つ人がたくさんいます。そうした専門家とコラボレーションして、カラー以外の要素もセミナーに取り入れましょう。

私がかかわっている、就活学生向けのセミナーには、三つのジャンルの講師が参加します。カラーセラピーとパーソナルカラーを担当する私。表情筋を鍛えて表情を整える「フエイスニング」を担当する講師、さらにはマナーと接遇を担当する講師です。
こうしたセミナーでは「集客力のアップ」が見込まれるうえに、それまで「食わず嫌い」で関心のなかったカラーの知識への興味が生まれることもあり、次につながります。

▼イベント・セミナー開催の準備5――季語辞典のすすめ▲

カラーコーディネートは、季節や生活に大きくかかわってきます。ですから、セミナーのテーマや開催時期を決める際には、季節の花や植物、開催時期に開かれる年中行事などを知っておく必要があります。さらには時事的な知識も必要です。

こうした季節の情報を得るのに役立つのが、俳句の季語辞典です。植物、生活、年中行事、食べ物、天文などの分野に分けられ、それぞれの分野の俳句の季語が載っています。セミナーのころのページを開けば、そこにはセミナーのテーマになりそうなキーワードがあふれていますから、そうしたキーワードをカラーの知識にまじえて余談に活用しましょう。

▼……………企業向けセミナー講師への道……………▲

企業にセミナーを提供している㈱アクセスブレインに、次の二点をたずねてみました。
＊どんなセミナーが人気を博しているか？
＊企業では、色彩に関する意識がどのように変化してきているか？

企業が色彩のもたらす効果に着目し、セミナーなどに取り入れはじめたのは一九九九年以降だといいます。なかでも現在、注目を集めているのは、色彩をつかって好印象を得ることをテーマにしたセミナーです。おもに営業や窓口業務などの社員を対象にしたものです。

また、メンタルヘルスに関するセミナーも、つねに人気を集めているようです。

こうした声にこたえるように、ビジネスマナーの講座を持つ講師が、パーソナルカラーやカラーセラピーの資格を持つようになりました。名刺交換などを教える一般的なビジネスマナー講座に差別化を図り、カラーの知識を活用したプラスアルファのあるセミナーを、企業に提供しているのです。

では、㈱アクセスブレインの兵藤久喜社長は、このような講座を持つ講師を、どのように募集し、どのような基準で採用しているのでしょうか？

「実績やキャリアは重要です。でもむしろ、面白い視点を持っているか、日々の努力をしているか、あらゆる分野から自分の専門性を導く視野の広さを持っているか、が大切です」

講師の資質があるかを自分で見きわめるのは難しいもの。企業にセミナーを提供している会社などに企画を持ち込み、自分に才能があるかを判断してもらうのは有益なことです。個人で開いたセミナーやデータ収集などの研究活動をもとに、斬新な切り口でセミナーの企画案をつくり、持ち込んでみてください。

そうした、セミナーの企画募集などに応募する際には、次のことを明記しましょう。

＊セミナーの対象とする業種や職種、あるいは役職（役員向けか新人社員向けかなど）
＊業務上のどのようなことに役立つのかなど
＊既存のセミナーと異なるセールスポイント
＊あなたのセミナー講師としてのこれまでの実績（簡潔にわかりやすく）

自主セミナーの会場と宣伝

少し話題がそれましたが、自主開催のセミナーに戻りましょう。セミナー会場は、レストランのほかにも、貸し会議室やホテルの一室などたくさんあります。しかしこうしたスペースを借りた場合、お客様が集まらないとリスクをまるごとかぶってしまいます。

リスクの軽減という点で人気を集めているのが、それぞれの専門性をそなえた講師陣が集まって部屋をひとつレンタルし、日程を融通しながら、セミナーなどを開く方法です。

会場が決まったら、次は広告宣伝です。セミナーの存在を知ってもらうのに重要です。口コミなどのネットワークやインターネットを利用するほか、チラシをつくってみましょう。ポイントは、印象的なネーミングと、簡潔でわかりやすい内容を心がけることです。

[チラシの実例]

アナウンサーが教える！

セルフイメージプロデュースセミナー

フェイスニング、カラーセラピーなどをはじめとした
自分でできる自己演出法のセミナーです。

好評につき第二弾開催です。

11月27日、28日　土曜、日曜の両日開催　午後1時～4時30分
個人指導も充実、前回参加した方もさらに詳しく指導します。

セミナー内容

＊午後１時～
フェイスニング
講師　菅家ゆかり（元日本テレビアナウンサー）
第一印象で ,相手によい印象を与えられるかどうかの重要なポイントは、顔の表情だと言われます！フェイスニングは豊かな表情を生み出す表情筋トレーニングです。表情のコンプレックスを解消し、いきいきと輝く表情を身につけましょう。

かんけゆかり

日本テレビアナウンスカレッジ講師。世田谷区健康つくり区民フォーラム委員。トーク番組、報道（ニュース）、天気予報、スポーツ、園芸、芸能情報番組など幅広いジャンルの番組を担当。アナウンスの基礎や会話表現などの講演活動も展開。敬愛大学　会話表現　非常勤講師。

＊午後2時15分～
パーソナルカラー、カラーセラピー
講師　外川智恵（元山梨放送アナウンサー）
似合う色なら若返ります！　輝きます！　無駄がなくなります！　似合う色を知って効率よくオシャレを楽しみましょう。今回はカラーセラピーであなたの心理をチェックして、あなたに必要な色を選びます。あなたらしさを応援しています！

とがわちえ

元日本テレビカラーコーディネートスクール代表講師。大正大学、敬愛大学　会話表現　非常勤講師。日常会話を豊かにする独自のメソッドを元に会話表現セミナーを展開。カラーセラピスト、カラーリストとして、美容学校などでトータルイメージの専任講師としても活動中。

ともに、フリーのアナウンサーとしてテレビ・ラジオで活躍中。
アナウンサーを目指す方、イメージアップを図りたい方、いまだ知らないご自分の魅力を発見したい方
ぜひ、お手伝いさせてください。

料　金　10,000円（個人指導含む）　資料代　500円
（学生割引　9,500円）

場　所　表参道駅Ｂ２出口から徒歩１分
（株）○○○研究所
〒107-0061 東京都港区北青山○○○

お申し込みお問い合わせは　○○○@○○○.ne.jp　までどうぞ

お申し込みの際には　１ご住所、２お名前、３年齢層、４連絡先、５目的やご要望、
６希望の日程（２７、２８日のいずれか）を
お書き添えの上、上記のアドレスまでご連絡下さい。

▼………講師としてのファッション、話し方、発声法………▲

とくにカラー資格者の場合、講師としての外見や服装は、自分の力量を発揮できる部分です。どのような講師としてのぞみたいかという点から、イメージ配色を考えましょう。

威厳のある講師を演出したいなら、トラディショナルな形のスーツで、ベルベットなどの高級感のある素材はどうでしょう？　ワンピースならシルクのような光沢感があり、しかもファッションの最先端を取り入れたものなどが考えられます。

講師としてのイメージが絞れない方は、ファッションのテーマを毎回変えて、自分を教材代わりにしてみるのもいいでしょう。

話し方で大切なのは、受講者にきちんと聞こえて、大切なことがはっきりと伝えられること。言い換えれば「ゆっくり、はっきり、大きく」話すこと、です。

また、大切なポイントや、重要な用語を話すときには、間を置きましょう。「ここを覚えてほしい」という思いを込めてしゃべれば、必然的に話し方は変化します。

声は、最後列の受講者に届くように心がけましょう。それを確認する意味も含めて、講義中に、最後列の受講生に質問を投げかけるなどしてコミュニケーションを図ると、教室全体の集中力を高められますし、空気をリフレッシュすることにもなります。

また、講義中は下を向かずに話せるよう、講義ポイントはメモ書きしておきましょう。

▼オリジナルテキストとプレゼンテーションボードの作成▲

前述のとおり、色彩についての講義をする際には、プレゼンテーションボードやオリジナルテキストを作成しておきたいものです。明度や彩度の説明、補色の関係、対比なども、ボードをつかえば簡単に提示できますし、イメージ配色などの応用にも生かせます。

また、受講者に配布するための、簡単なテキスト（セミナーの内容を箇条書きにしたものなど）をつくることは、講師のあなたにとっても有効です。講義を整理するのに役立てられますし、最後のページにはあなたのメッセージを盛り込むこともできます。

カリキュラムを作成したときに、あわせて準備しておきましょう。

▼……… アンケート ―― 参加者の声に耳を傾ける ………▲

セミナー終了後には、受講者にアンケートへの協力をお願いして、感想を書いてもらいましょう。自分では満足しているのに、受講者には不満が残っている場合もあります。受講者が知りたかったことが、講義内容に反映されていなかった場合などです。

感想を読む際に気をつけたいのは、厳しい意見は講義内容に向けられたものであって、あなたの人格に向けられたものではないという点、です。そこを押さえておかないと、次のステップへの意欲がそがれたり、不必要な感情を抱いてしまいます。

▼……………… 集金のタイミング ………………▲

料金をもらうのは、受付でお客様の名前を確認したとき、つまり、テキストや資料の受け渡しと引き換えに、集金するのがいいでしょう。

受講者によっては領収証が必要な場合もあります。おつりと領収証はあらかじめ用意しておきたいものです。また、講義の演出上、お金のやりとりはあなたがしないほうが都合のいい場合もあります。協力してくれる人がいるなら、代わりをお願いしましょう。

セミナーを自主開催して、講師としての実績を積み上げていくことは楽しみでもあり、大変なことでもあります。お客様が集まらずにあせることもあるでしょうし、アンケートのコメントに一喜一憂することもあるでしょうが、そうした経験のひとつひとつが講師としての経験を育ててくれます。最初からパーフェクトな講師などいないのです。

セミナーや講義を積み重ねて「憧《あこが》れだった」講師から「現実」の講師にステップアップして、いつか「憧れの講師」と呼ばれる存在をめざしましょう。

おわりに

この本の執筆を通して、カラーの仕事でこれまでにかかわってきた方々と、改めて「色彩」の大切さについてお話しする機会を得ました。また、認識不足を補うために、さまざまな職業のプロフェッショナルに「仕事」に向かう姿勢を聞かせていただく機会を得ました。教えていただいたことのすべてを反映させたいと思いながら、私の表現力の乏しさから描ききれなかったことに、多少の心残りがあります。

とはいえ、諸先輩方に差し伸べていただいた手や贈ってもらったエールに励まされて、どうにか執筆を終えることができました。皆さんのおかげで、私は、母として子育てという何ものにもかえがたい、すばらしい仕事をしながら、同時に、一人の人間としてプロフェッショナルな仕事を積み重ねられています。

拙著を手にしてくださった皆さん、どうもありがとうございます。拙著はささやかなおすそわけです。今後は、カラーの仕事の仲間として、ともに喜びを味わえればさいわいです。ひとりでも多くの方が色彩を通して自己肯定感を得られますようにお祈りしております。

最後に、お力を貸してくださった皆様、そして家族として、働く仲間として支えてくれた夫に心から感謝します。

外川　智恵

<著者紹介>

外川　智恵（とがわ　ちえ）

日本色彩学会正会員
山梨放送入社、アナウンサー・報道記者として活躍。同社退職後は、フリーアナウンサー。視覚的イメージ戦略のアドバイザーとして、東京、ニューヨークを拠点に国内外で活動。
会話表現、パフォーマンス、カラーセラピー、パーソナルカラーなど、選挙運動や企業トップのプレゼンテーション、記者会見用コーディネートなどをつとめる。
大学、専門学校などで色彩学・パーソナルカラーの講師をつとめ、これまでに 1000 人近くの指導にあたると同時に、新人アナウンサーやタレントの卵、就職活動中の大学生などへのパーソナルカラーアドバイスは毎年 100 人を超える。

カラーの資格《しかく》でビジネスに成功《せいこう》する本《ほん》

2009年9月1日　初版　第1刷発行

編著者　外川智恵
発行者　斎藤博明
発行所　TAC株式会社　出版事業部
(TAC出版)
〒101-8383 東京都千代田区三崎町3-2-18
西村ビル
電話　03(5276)9492(営業)
FAX　03(5276)9674
http://www.tac-school.co.jp
プリプレス　株式会社　ムアン
印刷　株式会社　光邦
製本　東京美術紙工協業組合

ISBN 978-4-8132-3308-4

TAC出版の書籍に関するご案内

TAC出版

書籍のご購入

1 全国の書店・大学生協

2 TAC各校 書籍コーナー

3 インターネット

TAC出版書籍販売サイト
Cyber Book Store

http://bookstore.tac-school.co.jp/

4 TAC出版（注文専用ダイヤル）

0120-67-9625 ［土・日・祝を除く 9:30〜17:30］

携帯・PHS OK ※携帯・PHSからもご利用になれます。

刊行予定、新刊情報などのご案内

TAC出版

03-5276-9492 ［土・日・祝を除く 9:30〜17:30］

ご意見・ご感想・お問合わせ

1 郵　送　〒101-8383 東京都千代田区三崎町3-2-18
TAC株式会社 出版事業部 宛

2 FAX　03-5276-9674

3 インターネット

Cyber Book Store

http://bookstore.tac-school.co.jp/

トップページ内「お問合わせ」よりご送信ください。

（平成20年9月現在）